2023国家统一法律职业资格考试·6

瑞达法考主观题系列

理论法

主观题

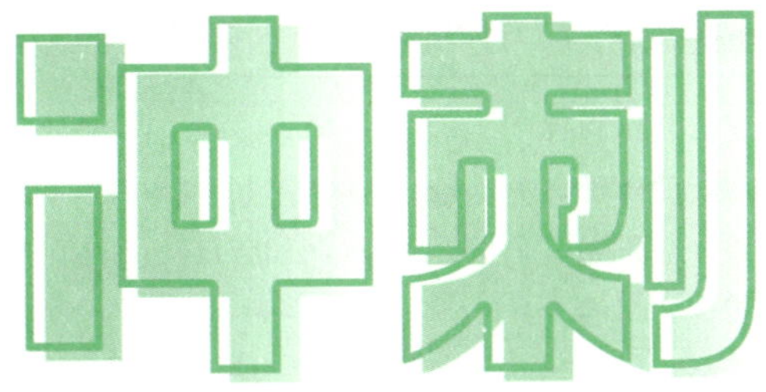

宋光明 编著

图书在版编目（CIP）数据

2023国家统一法律职业资格考试．理论法主观题冲刺．6／宋光明编著．—北京：中国民主法制出版社，2023.8
（瑞达法考主观题系列）
ISBN 978-7-5162-3282-8

Ⅰ．①2… Ⅱ．①宋… Ⅲ．①法的理论－中国－资格考试－自学参考资料 Ⅳ．①D920.4

中国国家版本馆CIP数据核字（2023）第117628号

图书出品人：刘海涛
责任编辑：陈　曦　张雅淇　李　郎　魏敬仁

书　　名／2023国家统一法律职业资格考试·理论法主观题冲刺6
作　　者／宋光明　编著

出版·发行／中国民主法制出版社
地址／北京市丰台区右安门外玉林里7号（100069）
电话／（010）63055259（总编室）　63058068　63057714（营销中心）
传真／（010）63055259
http：//www.npcpub.com
E-mail：mzfz@npcpub.com
经销／新华书店
开本／16开　710毫米×1000毫米
印张／13　**字数**／226千字
版本／2023年9月第1版　2023年9月第1次印刷
印刷／三河市鑫鑫科达彩色印刷包装有限公司

书号／ISBN 978-7-5162-3282-8
定价／76.00元

序言：领会中央意图，与中央保持一致

全面依法治国需要什么样的法律人才？

《中共中央关于全面推进依法治国若干重大问题的决定》明确要求“全面推进依法治国，必须大力提高法治工作队伍思想政治素质、业务工作能力、职业道德水准，着力建设一支忠于党、忠于国家、忠于人民、忠于法律的社会主义法治工作队伍，为加快建设社会主义法治国家提供强有力的组织和人才保障”。

怎样考查法律人才的思想政治素质、业务工作能力、职业道德水准？

国家统一法律职业资格考试应运而生。

思想政治素质的考查通过习近平法治思想和宪法、法理学来进行，业务工作能力的考查通过刑法、刑事诉讼法、民法、民事诉讼法、行政法和行政诉讼法、商法、国际法来进行，职业道德水准的考查通过司法制度和法律职业道德来进行。

思想政治素质、业务工作能力、职业道德水准，谁排在第一位？

《中共中央关于全面推进依法治国若干重大问题的决定》明确提出“把思想政治建设摆在首位”。所以，司法部在《全国公共法律服务体系建设规划（2021—2025 年）》明确提及“加大对习近平法治思想的考查力度”。

如何考查？

客观题通过选择题进行。

主观题通过论述题、案例分析题和法律文书进行。论述题考查的是习近平法治思想、宪法、法理学，以及司法制度和法律职业道德。案例分析题考查的是刑法、刑事诉讼法、民法、民事诉讼法、行政法和行政诉讼法、商法。法律文书是兼而有之。

思想政治素质排在第一，当然，论述题的重要性是毋庸置疑的。

思想政治素质的实质是什么？

领会中央意图，与中央保持一致。

为了体现“中央意图”，须将论述题的给定材料限定为党中央的有关政策文件以及中央领导的讲话。

党的政策文件数量众多，到底会考哪里？中央领导讲话涉及方方面面，如何作出选择？

白居易说，“文章合为时而著，歌诗合为事而作”，点出了中国选拔人才考试的实质，至今仍不过时。

党的政策文件，反映的必须是最新精神。中央领导讲话，一定要结合时事。所以，宋老师提出“围绕最新政策”。

考查法律人才“领会中央意图，与中央保持一致”的能力，论述题应当采取什么形式命题？

既然材料直接体现“中央意图”，那么，“与中央保持一致”当然就是与材料保持一致。所以，宋老师才提出论述题“材料即答案”。

党的政策文件，指导泱泱大国的方方面面，必须宏观；中央领导的讲话，高屋建瓴，一定宏大。

所以，宋老师提出论述题的考查必然是“考宏观不考微观”。相应地，其答题策略就是“务虚不务实”“求全不求深”。

应当说，近五年的真题完全体现出宋老师对论述题考查的5个判断：“围绕最新政策”“考宏观不考微观”“务虚不务实”“求全不求深”“材料即答案”。

正是基于上述判断，宋老师押中2020年全国统考真题原题、2020年新疆延考真题考点、2021年全国统考真题原题、2021年全国延考真题考点、2021年黑龙江延考真题考点、2022年全国统考真题考点。

这个趋势，2023年，毫无疑问还会继续。

相信，读至此处，你已经解锁了法律职业资格考试论述题的命题思路和考查特点以及2023年的考查重点。

那么，你还在等什么呢？

快跟着宋老师学起来，练起来吧！

记住，学固然重要，但正确的训练才是最关键的，“纸上得来终觉浅，绝知此事要躬行”。

宋光明

2023年8月15日

目　录

第一编　方法论

第二编　习近平法治思想与时政论述题

第一编　方法论

第一章　主观题方法论

第一节　主观题考情分析

1. 2022年法律职业资格考试公告，就主观题试卷分析，与2021年基本保持一致，不再提供纸质版试卷，不再提供纸质版法律汇编，即无论考生采取纸笔形式考试，还是采取计算机形式考试，试卷和法律汇编都通过计算机提供。这就要求考生务必提前做好准备，尤其是电子法规的查询。

（1）公告依然是案例分析题、法律文书题和论述题三种题型，但是，实际上考查题型仍然是传统上的案例分析题和论述题。司法考试时期，论述题一般会通过两道题考查，第一道题考查习近平法治思想，第七道题结合部门法考查。但已经举行的五届法律职业资格考试，论述题均是在第一道题结合习近平法治思想考查。

（2）公告涉及习近平法治思想、法理学、宪法、刑法、刑事诉讼法、民法、商法、民事诉讼法（含仲裁制度）、行政法与行政诉讼法、司法制度和法律职业道德等学科。但实际考查中，并未涉及法理学、宪法、司法制度和法律职业道德三个学科。2018年宪法则首次在主观题中考查，只不过没有单独命题，而是结合习近平法治思想考查。

2. “1+4”，且设置选做题的命题模式

所谓“1+4”的命题模式，指1道论述题和4道案例分析题的试卷模式。已经举行的五届法律职业资格考试均采取了“1+4”的命题模式，总分180分，其中1道论述题38分，4道案例分析题共计142分。2022年法律职业资格考试维持了“1+4”的命题模式，只不过，论述题的分值降到了

35 分，4 道案例分析题总计达到 145 分。

在“1 +4”的命题模式中，“1”相对比较稳定，考查核心科目稳定，分值大体不变。五年考试考查科目都一致，只不过 2018 年的题目考查的科目除了习近平法治思想，还包括宪法。2019 年的题目仅仅考查习近平法治思想。2020 年全国统考和新疆延考，2021 年全国统考、全国延考、黑龙江延考论述题都是仅仅考查习近平法治思想。2022 年的题目仅仅考查习近平法治思想。

2018 年、2019 年，论述题的分值是 38 分。2020 年因《民法典》的原因，论述题分值降到了 32 分。2021 年的分值又上升到 35 分。2022 年的分值稳定在 35 分，预计，2023 年的考题分值与 2022 年基本持平，考查科目不变的是习近平法治思想。

“4”的部分，有变也有不变。

先说不变的部分，刑法案例分析题、刑事诉讼法案例分析题五年均是单独考查。行政法案例分析题和商法案例分析题五年都是选做。再说变的部分，2018 年，民法和民事诉讼法结合出了一道分值达到 56 分的“夺命十三问”。2019 年、2020 年进一步地将民法、民事诉讼法、商法结合起来命题。2021 年、2022 年则回到民法、民事诉讼法结合的状态。

那么，2023 年的考试会怎样呢？

宋老师分析，首先，刑法毫无疑问会单独命题，而且按照清华大学张明楷教授的说法，“题还应当再难点”。2019 年的刑法案例分析题，仅仅题干就 6 段文字，2020 年、2021 年的刑法案例分析题，题干虽有所减少，灵活性却大大增加，尤其是 2021 年的观点展示，难度非常大。就这种题目和难度，让其他部门法怎么和刑法案例分析题结合。

如果刑法单独命题，那么，刑事诉讼法当然只好自己玩自己的了，因此，还是会单独命题。

其次，行政法和商法的案例分析题，大概率还是会继续选做。毕竟，已经坚持了五年，“存在就是合理”，大家也都能接受了。而且，我国台湾地区的司法考试，主观题方面，行政法和商法的案例分析题就是多年的选做题。当然，也不排除来一个行政法和商法的结合，毕竟，经济法在有些国家就被称作“经济行政法”。

最后，剩下的就是民法和民事诉讼法，都已经结合五年，双方也默认了，即使2019年又增加了商法，出现了民法、商法、民事诉讼法结合的题目，民法和民事诉讼法也没有怨言。显然，能够结合命题的也就是它们了。

总体上，在题目数量不变的前提下，2019年、2020年、2021年、2022年的探索，在2023年完全有可能继续。

那么，题目数量有没有可能增加或者减少呢？

增加题目数量的可能性不大，毕竟，司法部明确提出，要加大题目的综合性，要考查“活生生的案例”。现实中“活生生的案例”，各个部门法之间怎么可能做到“泾渭分明”呢？显然，综合命题是一个趋势。

那么，减少题目数量的可能性呢？毕竟，这和司法部的命题政策是一致的。但是，该怎么减少呢？

让刑法和刑事诉讼法结合？很难。

让论述题和部门法的案例分析题结合？这种题型在司法考试时代倒是有先例，就是宋老师称之为“综合分析题”的题目，这种题目在司法考试时期的最后6年，是年年必考的题型。但是，即使出现这种题型，也只是论述题的扩张，而绝不可能将35分的第一题取消或者与部门法案例分析题合并。这也很难减少题目数量。

让行政法和商法结合？正如前面的分析，有可能。但是，这个结合的结果，也只是取消选做题，题目数量并未减少。

总之，大家可以发现，不仅仅是“存在即合理”，“1+4”的试卷命题模式可能已经是当下的最佳选择了。

3. 法律职业资格考试的基本趋势

就已经举行的五届法律职业资格考试分析，我们可以发现两个基本的命题趋势：

第一，法律为政治服务。主观题考试将会进一步加大习近平法治思想的考查力度。这个命题趋势实际与司法部在《全国公共法律服务体系建设规划（2021—2025年）》明确提及的“加大对习近平法治思想的考查力度”的要求，是一致的。

第二，理论为实践服务。主观题的命题将会加大综合性，越来越贴近实践。因为，实践中的问题，一定是综合性的问题，不可能做到各个学科之间泾渭分明。

总体上，这种命题模式和传统上的司法考试命题模式，有较大的不同。这个不同，也使得考试难度较司法考试有所提升。因此，宋老师提醒考生注意：

第一，要高度重视习近平法治思想，论述题将成为考生通过主观题的关键中的关键。

第二，已经举行的五届法律职业资格考试均未考查法律文书，但考虑到法律文书属于法律实务要求的基本技能，如果命题人要加强实务方面的考查，2023 年考试考查法律文书，也不能算意外。只不过，法律文书的考查，形式上的分值不会太大，也就是说极有可能是结合部门法的案例分析命题。

第三，主观题“越来越难”也是一个趋势。

第二节　考生失误篇及其应对之道

一般地，考生考试失败，无非两个方面的原因，其一是知识本身的问题，其二则是考生技术和策略方面的原因。

司法考试时代，主客观成绩统一计算，两者加总后达到分数线即可通关，且主观题成绩只占总成绩的 1/4，考生往往将学习重心放在客观题上，而忽视了对主观题的研究。反正只要前三卷成绩够高，第四卷差点也没关系，毕竟，主观题写起来太头痛了。

但 2018 年首届法律职业资格考试，主客观题分离，主观题的成绩单独计算，如果主观题成绩不合格，那么客观题的成绩再高，也不可能通过考试。这种制度设计使得主观题成绩在法律职业资格考试中的权重大大上升，同时也暴露了考生在司法考试时代被客观题成绩掩盖了诸多主观题方面的问题。尤其是 2019 年主观题采取全面计算机考试，考生原则上都必须通过计算机答题，而非传统上的纸笔，这又为考试带来了一系列技术上的问题。

2019 年主观题的授课过程中，宋老师通过新浪微博以及面授课堂等多种途径了解考生首届法考的失利原因，要求考生分析究竟是知识原因还是技术原因，如果是技术原因，是什么样的技术问题。令宋老师大吃一惊的是，至少有一半的考生都认为自己主观题的失利是由技术原因导致的。

因此，本节重点讨论一下考生在考试技术方面存在的种种问题，以防止大家未来的考试因技术原因失利，毕竟，辛苦学了大半年，却因为技术问题毁于一旦，就太可惜了。考生务必高度重视本部分的内容，同时，在发现自己的问题后，必须在平常的学习中着力训练以克服该问题。

一、机考困惑

由于大多数考生都已经习惯纸笔作答。因此 2019 年开始的主观题全面机考，也带来了一系列新问题。

首先，是键盘敲击声。多数考场都是选择高校机房，条件较为简陋，计算机基本上就是一排一排地按照座位摆放。考场上，考生敲击键盘的噼里啪啦声几乎不停。对此，就有考生在宋老师新浪微博留言：“考试刚开始，噼里啪啦的敲击键盘声让自己的思绪完全陷入停顿，脑海中一片空白，整个人就在发呆。也不知过了多久，终于反应过来，听着耳边急促的键盘声，想想别人第一题可能都答了一半了，自己还没有思路，热血顷刻涌上脑袋，急火攻心，更慌张了，整整半个小时一个字都没有写出来，最终导致考试失败。”

答题条件是考生不能选择的，只能去适应。如果考生有这方面的困惑，应当做到：平常有意识地训练自己在嘈杂环境中学习，提高自己的适应能力。也可以考虑带耳塞，但是，不同的考场，要求不一样，根据 2020 年考生的反馈，有的考场经过监考老师同意后，可以佩戴耳塞考试。

其次，是设置输入法和检查键盘。开考前，会统一调试输入法。结果有同学跟着调试时，没问题。但是，考试时，设置的是五笔输入法，却在用拼音打字，越打错越多，越错越紧张，急得满头是汗，最后是监考老师帮助设置成功，导致已经浪费了 10 多分钟。时间倒是不多，却彻底丧失了考试状态，浑浑噩噩直到考试结束。还有考生，打字过程中才发现，键盘的字母“G”坏掉了，根本打不出来字。还有考生，打键盘特定字母，就会出现微笑表情，还删不掉。又是一番折腾，浪费不少时间，直到监考老师给换了一个新的键盘。

遇到这方面的问题，考生应当第一时间联系监考老师，让监考老师提供帮助，而不是自己瞎折腾。监考老师解决不了，也不要继续拖延时间，赶紧要求更换键盘。每个考场都有备用机，备用键盘。

再次，计算机突然关机。机考的要求比较高，计算机突然关机，有可能是考场突然停电，有可能是计算机运行中不堪重负，也有可能是考生人为因素。如一位2020年考生，可能题目答得比较顺利，得意忘形之下，跷起二郎腿，一脚踢在主机开关键上，导致计算机突然关机。无论何种原因，考生都不必慌张，对机考而言，计算机突然关机是常规问题，现在的技术，你写的内容，计算机都会保存（根据考生的经验，在题干上的标注不一定能够保存）。考生遇到此种情况，千万不要慌张，一定要第一时间联系监考老师。如果电脑重启耽误时间太久，那么，相应的时间，监考老师也会补偿给大家。千万不要就此崩了考试心态，导致全盘皆输。

最后，考生个人原因。如有的考生，离开纸笔，思绪全无。这种考生，平常要多训练自己通过计算机答题。如果实在做不到也可以选择纸笔考试。2020年还有一位考生，指甲留的太长，敲击键盘时，手一滑，就敲错字母，导致打字错误率非常高，无奈之下，整个考场到处借指甲刀，据说最后也没有借到。

总之，考生务必要高度重视机考带来的各种变化，考前积极做好各方面的应对准备。

尤其要提醒考生注意的是，机考的不可控因素太多，考生务必要学会维护自己的合法权益。

一定要注意，《国家统一法律职业资格考试监考规则》关于考场纪律的规定：

第十六条　监考员应当按照规定时间到达考场，履行下列职责：

（一）考试开始前六十分钟，检查、清理考场，开启监考机和考试机，确认考试设备正常运行；

（二）考试开始前四十五分钟，引导应试人员通过考务安全管理系统核验身份后进入考场就座，向应试人员宣读国家统一法律职业资格考试应试规则及有关考试要求；

（三）考试开始前十五分钟，按照要求在监考机上进行系统操作，查验计算机化考试系统是否完成考试数据下载，确认考试准备就绪；

（四）考试开始前十分钟，提示应试人员登录考试系统、阅读应试须知、注意事项并核对考试相关信息；

（五）考试开始前五分钟，发放考试专用的草稿纸；

（六）考试开始前，应试人员发现考试机无法正常使用的，监考员应当按要求为其更换备用考试机，并通过流动监考员向总监考报告。

第十八条　考试过程中，如出现考试机系统故障、试题显示不全或其他硬件问题导致无法作答的，监考员应当会同考点技术支持人员确认故障性质，为应试人员更换备用考试机，并通过流动监考员向总监考报告，由总监考确认是否为其补时。

需要补时不超过十分钟的，总监考签字确认后予以补时。

需要补时超过十分钟的，应当逐级上报司法部决定。

第十九条　考试过程中，应试人员因未按规范指令操作等导致考试机系统故障或考试硬件设备不能正常使用的，可以更换备用考试机继续考试，但不予补时。

第二十条　考试结束前六十分钟内，应试人员答题完毕交卷的，经监考员检验电子答题数据全部提交至考场监考机，方可允许应试人员离开考场。

2022 年全国统考结束后，即有考生在宋老师微博留言，他所在的考场，补时到下午两点多，考试才结束。

二、盲目作答

2019 年主观题全面机考，但也有部分的纸笔考试。

我们先说机考中的盲目作答。这位考生的说法，有一定的典型性：“宋老师，我一看第一题，都是你讲过的内容，特别兴奋，上来就写，写了 2000 多字，竟然花了一个半小时，导致最后一题都没有时间做，差了 5 分没有通过。”这是机考同学必须要注意的问题，据该同学说，机考与纸笔考试中的答题纸不同，答题纸上有标注“200”“400”字样，但电脑屏幕上的字数统计不如纸笔考试直观明显，以至于她无法掌控答题字数，结果不幸败北。

纸笔考试中，最怕的就是为了赶时间，一上来就盲目作答，写了一两百个字了，脑袋突然清醒，坏了，答错了。怎么办？大笔一挥，全部划掉，重新再写。这次写的倒是正确，可是答题纸却没位置了，怎么办？答在其他位置。可是，试卷的答题要求写得很清楚，“将答案写在指定的答题位置”。试卷为什么这么规定？因为，阅卷人是在电脑上批改试卷，而电脑扫描时，只会扫描指定的答题位置。

还有一位考生因为考得都是自己会的，所以只顾埋头打字做题，没留意选做题左下角必须要勾选。正好这位考生习惯在每道题写一个“答”字，所以在第五题也写了个“答”，系统就默认他选择了第五题。但他实际上做的却是第六题，等到最后全部做完检查时突然发现要勾选左下角选项，可是时间已经来不及，系统自动交卷。最终，四道题105分。

因此，无论是机考考生，还是纸笔考生，都应当做到：

其一，在考前的一个月就应当进行适当的仿真训练，即完全按照考试的标准，至少训练3套试卷，可以是近几年的真题，也可以是高质量的模拟题。

其二，养成答卷之前先整体浏览试卷情况的良好习惯。

其三，一定要留出必要的检查时间。

三、犹豫不决

法律职业资格考试举行至今，均设置了选做题，而且都是行政法和商法的选做。这个选做题就让有选择恐惧症的考生犯了难。到底选哪道题呢？犹豫中，几分钟过去了。

有同学先从形式上下手，行政法比较短，干脆，还是选行政法吧。开干，结果，行政法虽然短，但知识点却不会。赶紧，换商法吧，但是，时间已经过去20分钟了。本来时间就紧张，商法又是从头开始，天哪，还有那么复杂的法律关系，时间滴滴答答在流逝，旁边的同学打起字来，噼噼啪啪，运指如飞，这怎么办？最后，行政法做一半，商法做一半，都没有答完。

或者，有同学从自身估计，我商法学得不错，干脆，选择商法的题目吧。结果，商法是学得不错，但偏偏考的这个点不会。怎么办？又回头去做行政法，即使行政法的考点正好会，时间却又来不及了。

结果，法律职业资格证书就和时间一起在彷徨中流逝了。

因此，考生遇到选做题时，既不能从题干长短来判断，也不能盲目自信上来就做。“磨刀不误砍柴工”，一定要先认真研究每一道题的题干，综合考量之后，作出判断，再去下笔。

四、时间失衡

客观选择题，如果实在不会，考生往往会选择碰碰运气，猜。即使猜错了，最多也就 2 分而已。而主观题由于每一道题的分值平均都在 20 分以上，所以考生在答题时都会非常慎重，即使确定不会的试题，也往往停留在这道题，苦思冥想，寄希望于自己能够灵机一动，想到答题的基本点。这样做的后果，好的一方面是最终想出了答案，但是，却有可能在一道题浪费了太多的时间，导致分配给其他题目的时间不足。更坏的情况可能是，浪费太多的时间，还是不会，而其他题目已经没有时间了。

因此，主观题的答题，一定要合理规划。

首先，要有一个合理的顺序，建议考生先答有字数要求的题目，然后再答其他题。实际上，有字数要求的题目就是时政论述题，也是试卷的第一道题，这道题的答题要求规定“不少于 600 字”，先写这道题的好处是，考生写够 600 字，不管你写得怎么样，阅卷人就会给你 1 分。实际上，为数不少的 2019 年主观题考生通关的一个宝贵经验就是，在 40 分钟之内写完第一题，为回答刑法案例分析题争取了宝贵的时间。因为刑法案例分析题，仅仅题干就 6 段内容。据说，刑法案例分析题要想把各个问题回答清楚，考生要写 1200—1500 字。

其次，要给每一道题分配合理的时间，按照每一道题的分值大体的分配即可。宋老师建议，第一题要在 50 分钟左右写完。当然，这只是宋老师的建议分配时间，毕竟每一个人的具体情况不同。

但是，无论如何，考生在考前必须确定自己主观题答题时间的合理分配，为此，考生应当对自己的写字（打字）速度、思考时间、答题习惯进行系统的训练。

五、错字病句

2019年主观题进入全面机考时代，错别字主要由拼音打字产生的同音不同字的现象造成。如2018年主观题机考的同学，就将“法治”打成了“法制”，这种错字对考生来说，是致命性的，因为，“法治”与“法制”的含义是截然不同的。这就不是错别字本身的扣分问题了，而是扣除专业上的分数了。宋老师在客观题的冲刺讲义命题时，就将“监察机关”打成了“检察机关”，一字之差，该选项就由正确变成了错误。

病句则是由于考生的语文基本功较差。病句的问题在于，考生自认为已经说清楚了问题，可能考生也确实说清楚了问题，而且阅卷人也能明白考生究竟想说什么，但是，病句的不规范表达，极大地妨碍了阅卷人的阅卷流畅度，从而给阅卷人带来不佳的主观感受。

考生千万不能小瞧阅卷人的主观感受。考生最终能获得多少分，并不取决于考生写了什么，关键在于阅卷人认为你写了什么。阅卷人在阅读你的答案时的主观感受则决定着他对你的文章的认知程度。所以，主观题考试中有一个很重要的原则叫作“方便阅卷人”，即要充分考虑阅卷人在阅卷时的感受，尽量不要给阅卷人的阅卷工作带来不便，让阅卷人在阅读你的试卷时尽量保持愉快的心情。与人方便就是与己方便。阅卷人方便了，能够充分认知你的答案，阅卷人心情愉快，他在给分幅度内的自由裁量就会向你倾斜，可能正是这个倾斜的一两分成为你通过的关键。

因此，考生务必牢记主观题答题的最重要原则：“方便阅卷人”。而为了方便阅卷人，必须要做到：

第一，在机考答卷时，一定要留出必要的检查时间，因为，拼音打字出现错别字几乎是不可避免的。

第二，平时的写作训练过程中，写作完后一定要回头修改，文章不厌千回改，没有谁的文章是一蹴而就的。如果自己看不出来毛病，同学之间可以互相修改。

六、不分层次

不少考生以为论述题不就是论述吗？一上来，甚至开头都不空两格，直接就写。中间也不分段落，密密麻麻一大片，黑乎乎的都是字。既违背了“方便阅卷人”的基本答题原则，增加了阅卷人的阅卷难度；同时，也违背了写作的基本规律。因为一篇文章天然就应当分为三个段落：开头、主体、结尾。而你的文章连层次段落都不分，说明你连最基本的写作素养都没有，还谈何高分，阅卷人能够耐着性子看完你的文章，给你点分数就算不错了。

因此，考生在写作论述题时，应当做到：

第一，严格按照宋老师在本书中教的审题和写作方法进行谋篇布局和写作。

第二，文章开头要空两格，写完一段，另起一行，也要空两格。这都是写作的基本要求，也能从一个侧面反映出考生的基本写作素养。这也是决定阅卷人给你分数的标准之一。

第三，文章必须分段，观点一段，总结一段，中间的部分根据采分点来决定分几段。开头一般就是你的基本观点，也就两句话就能表述清楚了。结尾作为全文的总结，也不宜太长。主体部分，根据你的写作字数决定是否分段，一般一段的字数要保证在300字左右。

七、论点分散

不少考生在答题时，搞不清该写什么，也不知道哪个观点对本题更合适，干脆，不管三七二十一，把自己认为和题目有关的，自己知道的内容都写上去，这一段写这个观点，下一段再写一个观点，再来一段又是一个新观点。阅卷老师，你来挑吧，哪个最贴近答案，就算哪个好了。阅卷人会替你做选择题吗？给太多观点，阅卷人只会认为你没有观点。如果没有观点，对不起，没有分数。

因此，考生在写作论述题时，观点必须明确统一，整篇文章只有一个核心主旨，每一段可以有一个分论点，但是，这个分论点一定是为你的核心主旨服务的。

八、白话太多

有些考生在写论述题时语言表达极不规范，满篇都是口语大白话，甚至连一些网络流行语都充斥于文章中，让人感觉文风浅薄、很不庄重，与法律人担负着公平正义使命的“高大上”形象极不相称。这样的文章，不论你的内容如何，首先就会被阅卷人判定为“下档”。

法律职业资格考试选拔的是法律人才。通过考试，取得法律职业资格证书的人员，再经过系统训练后，即可成为法律职业共同体的一员。而法律职业共同体是有其特定标志的，简单地说，就是大家具备共同的语言，这个语言就是法律语言；大家具备共同的思维，这个思维就是法律思维。而论述题正是集中考核考生的法律语言能力和法律思维能力。法律语言是判定考生是否具备专业素养的基本标志之一，甚至可以说是判定考生是否具备专业素养的前提，简言之，没有法律语言，就没有法律思维，当然就没有基本的法律素养了。

尤其是法律职业资格考试体现的新命题思路和阅卷标准，所谓“过程优于结论”，结论的分值远低于过程的分值，你如何得出这个结论的论证过程本身，才是法律职业资格考试主观题考查的重点。而论证过程则完全取决于考生的表达。

因此，规范专业的表达，逻辑有力的论证，是考生必须高度重视和着重训练的部分。考生在复习考试的过程中，应当做到：

第一，要有意识地养成用法律专业语言写作的习惯。可能一开始，你会觉得很别扭，这属于正常现象，毕竟，你人生的前几十年，可能都是在用大白话。但是，随着你一步一步有意识的训练，你的语言就会越来越规范。

第二，要有意识地记忆一些专业、规范的词和句子，甚至可以专门背诵领导同志讲话中使用的经典句式和段落。

九、欠缺思维

诚如上文分析，法律职业共同体的标志就是拥有共同的法律语言与共同的法律思维。但是，有些考生在写作论述题时，要么充满悲天悯人的道德情怀，感情充沛，一副翩翩君子模样；要么就是满满的书生意气、挥斥方遒、激扬文字，一副天下舍我其谁的架势；更有甚者，竟然是全篇的诗情画意，文采飞扬，愿天下有情人终成眷属。偏偏忘了最根本，你参加的是法律职业资格考试，写的是法学论述题，法学论述题的关键是要有法律思维。没有法律思维，纵然你写得再漂亮，也只是徒有其表，缺少了灵魂，不可能获得阅卷人的青睐。

因此，考生在平时的学习中，必须注意有意识地养成法律思维。

十、不懂题目

有些考生背了很多习近平法治思想的知识，就像某位考生在考完2019年主观题后在宋老师微博的留言："宋老师，我真的都背下来了，现在还能背下来，但是，我真的不知道我背的哪些东西该写上去，最后，反正就是把自己背的东西统统写上去了。"这类考生为数不少，他们的问题在于看不懂题目，根本就不知道题目到底要答哪些内容，最后，要么把自己知道的东西统统写上去；要么把材料一顿狂抄，至于对不对症，听天由命了。

如2022年真题，考生不知道"改革重构司法权力配制和运行机制"的含义，有不少考生受到误导，竟然把"科学立法、严格执法、公正司法、全民守法、法治监督"的内容全写上，至于对还是不对，就"听天由命"了。实际上，这哪里是"听天由命"，根本就是错误的方向，论述题是有参考答案的，必须要问什么答什么。如果任何内容都可以回答"科学立法、严格执法、公正司法、全民守法、法治监督"，那么，考试如何区分考生之间的水平？

再比如2019年真题，不知道怎么谈"认识"，这个"认识"究竟要认识什么内容？不知道怎么谈"根本遵循"？受到某些老师的误导，认为"根本遵循"有特定含义，不知道人家想要的根本遵循，其实就是指导思想、基本原则、怎么办的这些内容。而那些大段抄材料的考生，由于成绩不理想，则埋怨"材料即答案"的说法有问题，殊不知，"材料即答案"并不是"照抄材料"，而是必须要在看懂题目，找到采分点的前提下，围绕采分点合理使用材料，这才是“材料即答案”的真谛。

考虑到这些考生人数不少，故本书专门编写一小节内容，针对近些年论述题真题中出现过的一些较为抽象的词汇，如“核心要义”“根本遵循”“必须”“认识”等的含义进行解释。

十一、自以为是

还有一种考生，其文字功底较为扎实，写作能力非常不错，日常的工作可能就是与文字打交道。宋老师接触过几位考生，有在新闻媒体工作的，也有在党政部门专门从事文字工作的。这类考生自认为写作功底很好，认为自己主观题考试不通过肯定是在案例分析题上出了问题。其实不然，他们的问题可能恰恰就出在论述题上。因为，这些考生自恃写作水平较高，答题时，既不重视运用材料，也不重视对采分点的集中展示，而是按照自己多年写作养成的套路，肆意挥洒自己的文采。殊不知，论述题最关键的不在于卖弄你的文采，秀出你的“肌肉”，这根本不是阅卷人关心的重点，阅卷人真正关心的是你对于问题和材料涉及的党的有关理论和政策认识程度如何。而且，你还必须让阅卷人能够第一时间感知你想要表达的内容。

因此，论述题的写作，其实不需要多么高深的技巧，也不需要多么优秀的文采。关键就是让阅卷人看完你的文章，认为你已经做到两点，第一，领会中央意图；第二，和中央保持一致。只有这样的文章，才能够在主观题考试中获得高分。

要想做到上述两点，考生务必谨记论述题“材料即答案”的命题思路，认真审问题，审材料，以问题包含的采分点为核心，材料为基础，运用自己掌握的习近平法治思想的理论知识进行写作。

总之，论述题最忌讳的就是天马行空、肆意挥洒的写作风格。

第二章 论述题的基本原理

第一节 论述题基本情况概述

一、2018 年—2022 年论述题考查科目、知识点及分值分布

论述题自 2003 年进入主观题考查，至 2022 年，年年必考，其考查方式、涉及知识点及分值，历年并不统一，下表统计了法律职业资格考试以来（2018 年—2022 年）5 年的考题的考查方式、分值、涉及知识点。

年份	分值	类型	题目	学科	考点
2022 年全国统考	35	时政论述	请根据以上材料，结合你对习近平法治思想的理解，谈谈党的十八大以来改革重构司法权力配置和运行机制的重大成就和意义	习近平法治思想	习近平法治思想、党的十八大以来改革重构司法权力配置和运行机制的重大成就、党的十八大以来改革重构司法权力配置和运行机制的意义
2021 年全国统考	35	时政论述	根据材料，结合习近平法治思想的核心要义，谈谈当前和今后一个时期推进全面依法治国要重点抓好的“十一个坚持”	习近平法治思想	全面依法治国、习近平法治思想的意义、习近平法治思想的核心要义

续表

年份	分值	类型	题目	学科	考点
2021 年全国延考	35	时政论述	根据材料，结合你对习近平法治思想关于坚持以人民为中心的认识，谈谈对新时代全面依法治国的根本立场和实现途径的理解	习近平法治思想	全面依法治国、以人民为中心
2021 年黑龙江延考	35	时政论述	根据以上材料，结合习近平法治思想，谈谈你对坚持建设德才兼备的高素质法治工作队伍的理解	习近平法治思想	习近平法治思想、法治工作队伍
2020 年全国统考	32	时政论述	根据上述材料，结合在法治轨道上统筹推进防控疫情工作的要求，谈谈如何发挥法治对推进国家治理体系和治理能力现代化的积极作用	中国特色社会主义法治理论	依法抗疫和推进国家治理体系和治理能力现代化
2020 年新疆延考	32	时政论述	结合材料，根据颁布实施民法典的现实意义，谈谈你对坚持和完善中国特色社会主义法治体系的认识和理解	中国特色社会主义法治理论	中国特色社会主义法治体系和民法典
2019 年	38	时政论述	结合深化党和国家机构改革，谈建设法治政府对全面依法治国的意义及建设法治政府的根本遵循	中国特色社会主义法治理论	深化党和国家机构改革，建设法治政府，全面依法治国

续表

年份	分值	类型	题目	学科	考点
2018年	38	时政论述	根据材料和社会主义法治实践，结合自身学习和工作实际，谈谈你对必须坚定不移走中国特色社会主义法治道路核心要义的理解和认识	中国特色社会主义法治理论、宪法	中国特色社会主义法治道路、社会主义法治实践

二、历年论述题（简析题）考查的总结

（一）论述题的分值

由上表可看出，论述题在主观题试卷（满分180分）中，历来分值比重较高。2022年35分，2021年35分，2020年32分，2019年38分，2018年38分。

其中，第一题，已经形成常规，必定考查习近平法治思想，考虑到习近平法治思想学科的特殊性，习近平法治思想在2023年法考主观题中的分值，至少与2022年持平。

（二）论述题的类型

就历年真题分析，论述题大体上可以区分为以下几种类型：

1. 时政论述题

以2022年全国统考主观题试卷第一题为例（35分）

材料一：改革开放以后，党坚持依法治国，不断推进社会主义法治建设……党领导深化以司法责任制为重点的司法体制改革，推进政法领域全面深化改革，加强对执法司法活动的监督制约，开展政法队伍教育整顿，依法纠正冤错案件，严厉惩治执法司法腐败，确保执法司法公正廉洁高效权威。

摘自《中共中央关于党的百年奋斗重大成就和历史经验的决议》，2021年11月11日中国共产党第十九届中央委员会第六次全体会议通过

材料二：当前，法治领域存在的一些突出矛盾和问题，

原因在于改革还没有完全到位。要围绕让人民群众在每一项法律制度、每一个执法决定、每一宗司法案件中都感受到公平正义这个目标，深化司法体制综合配套改革，加快建设公正高效权威的社会主义司法制度。

摘自习近平：《坚持走中国特色社会主义法治道路，更好推进中国特色社会主义法治体系建设》，载《求是》2022 年第 4 期

材料三：习近平总书记指出，权力是一把双刃剑，在法治轨道上行使可以造福人民，在法律之外行使则必然祸害国家和人民。执法司法权力专业性强、自由裁量度大、受干扰诱惑多，权力的多重属性表现尤为明显。

摘自钟政声：《深化执法司法权力运行机制改革，归根结底就是要规范用权》

问题：

请根据以上材料，结合你对习近平法治思想的理解，谈谈党的十八大以来改革重构司法权力配置和运行机制的重大成就和意义。

答题要求：

1. 无观点或论述，直接照搬材料原文的不得分；
2. 观点正确，表达完整、准确；
3. 总字数不少于 600 字。

2. 一般论述题

一般论述题又可以区分为以下几种类型：

（1）现象评价型

如：2003 年卷四第八题（本题 30 分）

案情：某市为加强道路交通管理，规范日益混乱的交通秩序，决定出台一项新举措，由交通管理部门向市民发布通告，凡自行摄录下机动车辆违章行驶、停放的照片、录像资料，送经交通管理部门确认后，被采用并在当地电视台播出的，一律奖励人民币 200 元—300 元。此举使许多市民踊跃参与，积极举报违章车辆，当地的交通秩序一时间明显好转，市民满意。新闻报道后，省内甚至外省不少城市都来取经、学习。但与此同时，也发生了一些意想不到的事：有违章驾

车者去往不愿被别人知道的地方，电视台将车辆及背景播出后，引起家庭关系、同事关系紧张，甚至影响了当事人此后的正常生活的；有乘车人以肖像权、名誉权受到侵害，把电视台、交管部门告上法庭的；有违章司机被单位开除，认为是交管部门超范围行使权力引起的；有抢拍者被违章车辆故意撞伤后，向交管部门索赔的；甚至有利用偷拍照片向驾车人索要高额“保密费”的，等等。报刊将上述新闻披露后，某市治理交通秩序的举措引起了社会不同看法和较大争议。

问题：

请谈谈你对某市治理交通秩序新举措合法性、合理性的认识。（注意：不能仅就此举引发的一些问题、个案谈具体适用法律的意见）

答题要求：

1. 运用掌握的法学知识阐释你认为正确的观点和理由；

2. 说理充分，逻辑严谨，语言流畅，表述准确；

3. 答题文体不限，字数要求800—1000字。

（2）理论阐释型

如：2006年卷四第六题（本题35分）

某民法典第一条规定：“民事活动，法律有规定的，依照法律；法律没有规定的，依照习惯；没有习惯的，依照法理。”

请：

1. 比较该条规定与刑法中“法无明文规定不为罪”原则的区别及理论基础；

2. 从法的渊源的角度分析该条规定的涵义及效力根据；

3. 从法律解释与法律推理的角度分析该条规定在法律适用上的价值与条件。

答题要求：

1. 在上述3个问题中任选其一作答，或者自行选择其他角度作答；

2. 在分析、比较、评价的基础上，提出观点并运用法学知识阐述理由；

3. 观点明确，论证充分，逻辑严谨，文字通顺；

4. 不少于600字。

(3) 综合分析题

如2013年第七题（本题25分）

案情：孙某与钱某合伙经营一家五金店，后因经营理念不合，孙某唆使赵龙、赵虎兄弟寻衅将钱某打伤，钱某花费医疗费2万元，营养费3000元，交通费2000元。钱某委托李律师向甲县法院起诉赵家兄弟，要求其赔偿经济损失2.5万元，精神损失5000元，并提供了医院诊断书、处方、出租车票、发票、目击者周某的书面证言等证据。甲县法院适用简易程序审理本案。二被告没有提供证据，庭审中承认将钱某打伤，但对赔偿金额提出异议。甲县法院最终支持了钱某的所有主张。

二被告不服，向乙市中院提起上诉，并向该法院承认，二人是受孙某唆使。钱某要求追加孙某为共同被告，赔偿损失，并要求退伙析产。乙市中院经过审查，认定孙某是必须参加诉讼的当事人，遂通知孙某参加调解。后各方达成调解协议，钱某放弃精神损害赔偿，孙某即时向钱某支付赔偿金1.5万元，赵家兄弟在7日内向钱某支付赔偿金1万元，孙某和钱某同意继续合伙经营。乙市中院制作调解书送达各方后结案。

问题：

1. 请结合本案，简要概括钱某的起诉状或法院的一审判决书的结构和内容。（起诉状或一审判决书择一作答；二者均答时，评判排列在先者）

2. 如果乙市中院调解无效，应当如何处理？

3. 如果甲县法院重审本案，应当在程序上注意哪些特殊事项？

4. 近年来，随着社会转型的深入，社会管理领域面临许多挑战，通过人民调解、行政调解、司法调解和民事诉讼等多种渠道化解社会矛盾纠纷成为社会治理的必然选择；同时，司法改革以满足人民群众的司法需求为根本出发点，让有理有据的人打得赢官司，让公平正义通过司法渠道得到彰显。请结合本案和社会发展情况，试述调解和审判在转型时期的关系。

答题要求：

1. 根据法律、司法解释规定及民事诉讼法理知识作答；

2. 观点明确，逻辑清晰，说理充分，文字通畅；

3. 请按提问顺序逐一作答，总字数不得少于600字。

就论述题的上述四种题型分析，直到2022年，时政论述题年年必考；综合分析题在法律职业资格考试改革之前的司法考试时代连续考查6次，但在法律职业资格考试中却一次也没有考查；一般论述题中的现象评价题在综合分析题出现之前考查较多，但综合分析题出现后就再也没有考查过；一般论述题中的理论阐释题曾经考查过2次。考虑到“法律为政治服务”“理论为实践服务”的命题思路的变化，以及2018年、2019年、2020年、2021年、2022年题目类型的延续性，2023年法律职业资格考试，现象评价型和综合分析题出现的概率不会太大，但是，时政论述题型一定必考。

（三）论述题涉及的学科分析

从历年论述题涉及的学科来看，2015年之前，每年第一题都是关于社会主义法治理念的时政论述题。2015年由于学科的调整，出现了中国特色社会主义法治理论的时政论述题，结合部门法考查的综合分析题则大体上体现出了轮换原则。法理学近几年出现的频率不高。最新进入主观题考查范围的宪法、司法制度和法律职业道德两门学科，2018年主观题涉及宪法，但司法制度和法律职业道德至今尚未涉及。考虑到司法部在《全国公共法律服务体系建设规划（2021—2025年）》明确提及，“加大对习近平法治思想的考查力度”。2023年论述题的复习重点如下：

1. 时政论述题必考，以习近平法治思想为核心，结合领导人的相关讲话。

2. 宪法，可能结合习近平法治思想考查。

3. 司法制度和法律职业道德，可能结合司法改革以及习近平法治思想考查。

4. 法理学，可能结合习近平法治思想或者部门法考查。

第二节　时政论述题的命题思路、考查特点与评分标准

考虑到2018年以来的历年真题集中考查时政论述题，本部分主要分析时政论述题的命题思路与考查特点。

一、时政论述题的命题思路

论述题在形式上由材料、问题、答题要求三部分构成，其考查本质是要求考生在规定的时间内用规范的法律语言表达出专业的法律思维，具体到对考生的能力要求，主要包括三个方面：理解记忆能力、阅读理解能力、审题与破题能力。在命题思路上则是，通过习近平法治思想的基本知识考查考生的理解记忆能力，通过给定材料考查考生的阅读理解能力、通过问题考查考生的审题、破题能力。

就历年时政论述题分析，考查的不外乎考生上述三个方面能力的两种或者三种。2015 年的时政论述题考查考生的理解记忆能力和阅读理解能力，2016 年的时政论述题考查考生的理解记忆能力和阅读理解能力，2017 年的时政论述题考查考生的理解记忆能力和阅读理解能力，2018 年的时政论述题考查考生的阅读理解能力和审题、破题能力，2019 年的时政论述题考查考生的阅读理解能力和审题、破题能力，2020 年的时政论述题（全国统考和新疆延考）考查考生的理解记忆能力和阅读理解能力，2021 年的时政论述题（全国统考、全国延考）考查考生的理解记忆能力和审题、破题能力，2022 年的时政论述题考查考生的理解记忆能力、阅读理解能力和审题、破题能力。

2023 年同样是围绕这三个方面的能力考查，大概率会延续 2022 年的命题思路，即综合考查考生的理解记忆能力、阅读理解能力和审题、破题能力。

二、时政论述题的考查特点

2015 年时政论述题考查的重点是全面依法治国的总目标。2016 年时政论述题考查的重点是依宪治国、依宪执政。2017 年考查的重点是依法治国和以德治国相结合。2018 年时政论述题考查的重点是必须走中国特色社会主义法治道路的核心要义。2019 年时政论述题的考查重点是深化党和国家机构改革、建设法治政府和全面依法治国。2020 年全国统考时政论述题的考查重点是依法抗疫和推进国家治理体系和治理能力现代化。2020 年新疆延考时政论述题的考查重点是民法典和中国特色社会主义法治体系。2021 年全国统考时政论述题的考查重点是习近平法治思想的核心要义、习近平法治思想的重大意义和全面依法治国。2021 年全国延考时政论述题的考查重点是全面依法治国和以人民为中心。2021 年黑龙江延考的考查重点是习近平法治思想和法治工作队伍。2022 年考查习近平法治思想、党的十八大以来改革重构司法权力配置和运行机制的重大成就、党的十八大以来改革重构司法权力配置和运行机制的意义。就近八年的考题分析，考查重点都非常宏观，都是政法领域的重大问题；非常新，都是党和国家最新的政策和理论。因此，宋老师认为，时政论述题的考查有如下重要特点：

第一，围绕最新政策。

第二，考宏观不考微观。

第三，务虚不务实。

第四，求全不求深。

第五，材料即答案。

毫无疑问，这些趋势在 2023 年仍会继续。

三、时政论述题的评分标准

论述题的评分标准是“采点给分”，所谓采点给分，指命题人在命题时，就论述题问题设置若干采分点，每一个采分点设置若干分数。如 2022 年的时政论述题问题和答题要求为：

问题：

请根据以上材料，结合你对习近平法治思想的理解，谈谈党的十八大以来改革重构司法权力配置和运行机制的重大成就和意义。

答题要求：

1. 无观点或论述，直接照搬材料原文的不得分；
2. 观点正确，表达完整、准确；
3. 总字数不少于 600 字。

命题人在本题中即设置了三个采分点：分别是“习近平法治思想”“党的十八大以来改革重构司法权力配置和运行机制的重大成就”“党的十八大以来改革重构司法权力配置和运

行机制的意义”。

阅卷人在评判试卷时，主要是将考生就该采分点所写的内容与命题人就每一个采分点拟定的参考答案进行对比，从而给出考生在该采分点的分数。

但是，考生的最终分数并不仅仅是考生在上述三个采分点所获分数的简单相加。因为，在“答题要求”方面还有相应的形式上的分值。如“总字数不少于600字”的答题要求就意味着，只要考生写够600字，不论其写作质量如何，字数方面的分数就应当给考生。一般地，“答题要求”方面的形式分大概在6分左右。

考生在本题的最终分数则是三个采分点所获分数的加总，再加上考生在答题要求所获得的分值。

四、考生的备考策略

1. 理解清楚习近平法治思想学科在我国国家制度建设中的纲领和蓝图作用，加强对习近平法治思想重点知识的记忆。

记忆时，要遵循以下顺序：第一，准确记忆习近平法治思想的章节框架。第二，熟悉每一个考点的名称，确保做题时，能够准确判断该考点是习近平法治思想之内的考点，还是习近平法治思想之外的考点。第三，记住每一个考点的纲要，至于纲要之下的细节，不追求完全一致，只要能够规范、庄重地表达清楚即可。

2. 先学会正确的审题、审材料、写作方法，再针对性地选择真题和宋老师编写的模拟题加强训练。

正确的训练方法应当是：第一，先自己按照正确的审题、审材料、写作方法写第一遍。第二，听宋老师对题目的讲解，听完讲解后，找到自己的不足，分析为什么没有写好，问题在哪里，再认真写一遍。第三，写完第二遍后，再对照宋老师给的参考范文，找出自己写作的不足之处。

记住，一道题写作两到三遍，比写三道不同的题目，效果要好得多。

3. 考生应当定期浏览求是官网、中国长安网、最高人民法院官网、最高人民检察院官网、司法部官网，以掌握我国政法工作的最新方针政策和动向。

总之，本题通过习近平法治思想考查考生理解记忆能力，通过材料考查考生的阅读理解能力，通过问题考查考生的审题与破题能力。这意味着，本题绝不仅仅是单纯的记忆，考生必须通过记忆和写作训练综合训练自己三个方面的能力。

第三节　审问题

一道时政论述题包括三个要素，即材料、问题和答题要求。

写作论述题，要从审问题开始，要能够审出命题人在问题中设置的采分点，围绕采分点写作。

一、审问题结构

就从司法考试到法律职业资格考试历年主观题的问题结构分析，宋老师发现，问题结构上，有如下的变迁过程：

1. 1.0 版的问题结构

1.0 版的问题结构是最基本的问题结构，其基本形式为："根据以上材料，谈谈 A。"

这种问题结构是论述题的早期命题模式，主要存在于司法考试时期，主要题型是一般论述题，如 2010 年主观题的第一题，给了一篇如何解决行政争议的材料，问题是：

"请对运用协调、和解方式解决行政争议的做法等问题谈谈你的意见。"

这里的 A 就是"谈谈你对协调、和解方式解决行政争议的做法的意见"。

2. 2.0 版的问题结构

2.0 版的问题结构的基本形式是："根据以上材料，结合 A 谈 B。"

2.0 版的问题结构主要出现在时政论述题中，如 2009 年主观题的第一题，给了一篇材料，问题是：

"根据以上材料，请结合中国法治现代化发展进程，简答对社会主义法治理念和'三个至上'重要观点的认识。"

这里的 A 就是"中国法治现代化发展进程"，B 就是"对社会主义法治理念和'三个至上'重要观点的认识"。当然，这里如果细分，还有B1和B2，但本质上还是一个“B”的问题，这里就不做过多讨论。

2020年新疆延考的问题结构，本质上还是2.0版。其问题是：

“结合材料，根据颁布实施民法典的现实意义，谈谈你对坚持和完善中国特色社会主义法治体系的认识和理解。”

这里的A就是“颁布民法典的现实意义”，B就是“坚持和完善中国特色社会主义法治体系”。其问题结构就变成了“结合材料，根据A的意义，谈谈你对B的理解和认识”。

2021年黑龙江延考的问题结构就属于2.0版。其问题是：

“根据以上材料，结合习近平法治思想，谈谈你对坚持建设德才兼备的高素质法治工作队伍的理解。”

这里的A就是“习近平法治思想”，B就是“你对坚持建设德才兼备的高素质法治工作队伍的理解”。其问题结构就变成了“结合材料，根据A，谈谈你对B的理解和认识”。

2022年时政论述题的问题结构，仍然属于2.0版。其问题是：

“请根据以上材料，结合你对习近平法治思想的理解，谈谈党的十八大以来改革重构司法权力配置和运行机制的重大成就和意义。”

只不过，这里也有一个B1和B2的问题。其中，A是“习近平法治思想”，B1是“党的十八大以来改革重构司法权力配置和运行机制的重大成就”，B2是“党的十八大以来改革重构司法权力配置和运行机制的意义”。

2.0版的问题结构，还有一个局部升级版，可以称之为2.1版，就是2017年主观题的第一题，其问题为：

“请根据材料一和材料二，结合自己对中华法文化中‘天理、国法、人情’的理解，谈谈在现实社会的司法、执法实践中，一些影响性裁判、处罚决定公布后，有的深获广大公众认同，取得良好社会效果，有的则与社会公众较普遍的认识有相当距离，甚至截然相反判断的原因和看法。”

这里的升级在于，第一，问题很长；第二，问题很复杂，考生很难找到A和B。但本质上还是一个“根据以上材料，结合A谈B”的问题结构。当然，这需要考生的破题能力，宋老师在后面会谈到。

3. 3.0 版的问题结构

3.0 版的问题结构的基本形式是："根据以上材料，结合A谈B对C的意义。"

如2016年主观题第一题为例，其问题为：

"根据以上材料，结合依宪治国、依宪执政的总体要求，谈谈法律面前人人平等的原则对于推进严格司法的意义。"

这里的A是"依宪治国、依宪执政的总体要求"，B是"法律面前人人平等的原则"，C是"推进严格司法"。

2020年全国统考主观题第一题的问题结构也是3.0版。其问题为：

"根据上述材料，结合在法治轨道上统筹推进防控疫情工作的要求，谈谈如何发挥法治对推进国家治理体系和治理能力现代化的积极作用。"

这里的A是"在法治轨道上统筹推进防控疫情工作的要求"，B是"法治"，C是"推进国家治理体系和治理能力现代化"。这样，这道题的问题结构就变成了"根据上述材料，结合A，谈谈如何发挥B对C的积极作用"。

4. 3.1 版的问题结构

2018年是首届国家统一法律职业资格考试，有关领导明确表态，"今年的考题一定不同于以往的题"。果然，2018年主观题第一题的问题结构又产生了一些变化，但也没有发生革命性的变化，宋老师称之为3.1版的问题结构。

2018年首届法律职业资格考试主观题第一题的结构应该是近些年相对最复杂的了，具体题目如下：

"根据上述材料和社会主义法治实践，结合自身学习和工作实际，谈谈你对必须坚定不移走中国特色社会主义法治道路核心要义的理解和认识。"

这个问题的结构，应当说对以往有所突破，我们可以整理出来"根据以上材料和A，结合B谈C"的问题结构。

这种结构需要考生认真权衡寻找关键的采分点，具体我们会在后面分析。

5. 3.2 版的问题结构

2019年主观题第一题的问题结构，又产生了一些变化，但同样没有发生革命性的变化，因此，宋老师称之为3.2版的问题结构。

2019年主观题第一题的问题是：

“根据材料，结合你对深化党和国家机构的改革的认识，谈建设法治政府对全面依法治国的重要意义以及新时代法治政府建设的根本遵循。”

这个问题的结构，我们可以整理成：“根据以上材料，结合A，谈B对C的意义，以及B的根本遵循”。

6. 3.3版的问题结构

2021年全国统考主观题第一题的问题结构，又产生了一些变化，但同样没有发生革命性的变化，因此，宋老师称之为3.3版的问题结构。

2021年全国统考主观题第一题的问题是：

“根据材料，结合习近平法治思想的核心要义，谈谈当前和今后一个时期推进全面依法治国要重点抓好的‘十一个坚持’。”

这个问题的结构，我们可以整理成：“根据材料，结合A，谈推进B要重点抓好的C”。

这里的A是“习近平法治思想的核心要义”，B是“全面依法治国”，C是“十一个坚持”。可能会有考生说：“老师，这不就是标准的3.0版吗？”还真不是，因为，这里的采分点A“习近平法治思想的核心要义”正是采分点C“十一个坚持”。也就是说，采分点A和采分点C是一个。这种问题结构就变成了“根据材料，结合A，谈推进B要重点抓好的A”。怎么可能这样命题呢？当然不可能这样命题，这并非命题者的失误。命题者在本题进行了大胆尝试，尝试将问题结构和考点的内容结合命题。考生如果不将考点的内容和问题结构结合起来分析，根本就找不到真正的采分点，自然也就不知道该答哪些内容。这极大地考验考生的破题能力。

宋老师之所以将2021年全国统考的问题结构归结为3.3版，正是基于这种问题和考点的内容紧密结合的问题结构的出现。这种结构越来越强调破题的重要性，考生必须结合考点本身的内容来找采分点，具体我们会在后面分析。

宋老师梳理完成论述题的问题结构变化历程，大家可以发现，1.0 版到2.0 版，是从“谈 A”到“结合 A 谈 B”的变化过程，属于革命性的变化；2.0 版到3.0 版，是从“结合 A 谈 B”到“结合 A 谈 B 对 C 的意义”，姑且认为是革命性的变化。但是，3.0 版到3.1 版，再到3.2 版、3.3 版的变化，都只是问题结构的微调，并未发生革命性的变化。

我们发现问题结构的变化大致体现出如下的变迁特点：

从之前的在形式上、结构上进行变化，让考生来寻找考点，到现在的结合内容上的变化来寻找考点，这就需要考生加强破题的能力。

实际上，我们可以发现，问题结构最重要的变化是1.0 版到2.0 版。2.0 版到3.0 版及以后，问题结构变化并不大，主要是 A、B、C 数量上的变化。因此，最有意义的问题结构就是2.0 版。

考虑到法律职业资格考试刚刚举行五届，不排除2023 年法考主观题又出现新的问题结构，但是，考生也不必恐慌，只需要以2.0 版的问题结构：“根据以上材料，结合 A 谈 B”为框架进行分析即可。

那么，有没有可能出现4.0 版的问题结构呢？宋老师认为可能性不大，毕竟，本题就35 分，3 到4 个采分点，考生在50 分钟左右的时间写完，每一道题的分值与时间比例大体是均衡的。如果出现4.0 版，采分点上升到5 个以上，写作时间势必要超越1 小时，那么留给其他题目的时间势必会减少，试卷整体的均衡结构就会被打破。

那么，为什么要在问题结构上花费如此多的笔墨呢？

考生务必牢记，我们分析问题的结构，目的是审出问题所包含的采分点。

二、审出问题所包含的采分点

时政论述题的评分模式是采点给分。命题人在命题时会将一定的知识点嵌入问题中，要求考生在答题时将这些知识点写出来。这些知识点就是采分点。考生在审问题时，应当首先将问题要求的采分点审出来。

问题的基本结构“根据以上材料，结合 A 谈 B”，这里的材料、A、B 就是我们所说的采分点。如果问题的结构是“根据以上材料，结合 A 谈 B 对 C 的意义”，那么，这里的采分点，根据具体情况，可能就是材料、A、B、C、B 对 C 的意义等。

以 2016 年卷四第一题为例，其问题为：

“根据以上材料，结合依宪治国、依宪执政的总体要求，谈谈法律面前人人平等的原则对于推进严格司法的意义。”

第一，题干的第一部分“根据以上材料”，这意味着，我们的答案不能是凭空得来的，而应当是结合自己掌握的基本知识，通过对材料的分析，从材料中得出来的。即我们的答案必须要结合材料才会有材料相关的分数。事实上，就近几年的论述题分析，“材料即答案”的命题趋势非常明显，“用到了材料，阅卷人就会给你材料相应的分数”，这只是现在论述题的最低要求。分析近几年的真题就可以发现，如果不用材料，你甚至很难完成文章的写作。即使考生勉强完成写作，也可能会沦为“假大空”、不着边际的尴尬境地。所以，考生一定要记住，对材料绝不能浅尝辄止，而必须认真研读，深思熟虑，不放过任何一点可能和采分点有关的内容。也正因为如此，本书不再将材料单独列为采分点，但这绝不代表材料不再重要，相反，正是因为材料对论述题的基础作用，本书才不再将材料作为专门的采分点。总之，考生务必重视材料对于论述题写作的重要意义（对于材料的重要意义，以下对于其他题目的分析不再赘述）。

第二，“结合依宪治国、依宪执政的总体要求”是第一个采分点，这意味着，我们必须要写出来依宪治国、依宪执政的总体要求。

第三，“谈谈法律面前人人平等对于推进严格司法的意义”，这里包含着两个采分点，一是法律面前人人平等，这意味着，我们在答题时，必须要写出法律面前人人平等的基本含义。二是法律面前人人平等对推进严格司法的意义。这意味着我们在答题时还必须写出法律面前人人平等对于推进严格司法的意义。这里还要注意，根据习近平法治思想（原中国特色社会主义法治理论）的基本知识，我们没有必要单独将“推进严格司法”作为一个采分点来回答。实际上，2016 年这道题，官方给出的参考答案（要点）一共有三段，第一段的主要内容是“依宪治国、依宪执政的要求”，第二段的主要内容是“法律面前人人平等的内涵”，第三段的主要内容是“平等对推进严格司法的重要意义”。官方也并未将“推进严格司法”专门作为一个采分点。

但是，如果考生无法确定“推进严格司法”是不是采分点，怎么办？“宁滥毋缺”。

可能有考生会说，您一解释，我就明白了。但是，如果您不解释，我还是搞不明白。我们判断类似于“推进严格司法”这样的词是不是采分点，标准有两个，第一，是不是法律专业术语，如果不是法律专业术语，那么当然，就不属于采分点。第二，如果属于法律专业术语，还要看该专业术语是否有丰富的内涵，足以支撑一个采分点该有的内容。如果就该专业术语有专门详细论述，那么，该专业术语即属于采分点。如果该专业术语属于常识性的专业术语，那就不是一个采分点。比如，本题中的“推进严格司法”，2020 年全国统考中的“法治”，就没有必要专门作为采分点。

因为，时政论述题的评分标准是采点给分。所谓采点给分，指命题人在命题时，将必须考查的几个采分点设计进问题中，考生在答题时如果答出这几个采分点，那么，阅卷人在阅卷时，就会根据考生对采分点的写作情况，给予相应的分数。如果有采分点的遗漏，那么，就得不到该采分点对应的分数。但是，如果考生将非采分点当作采分点来写，一般不会专门扣分。

三、审出采分点所包含的关键字

审出采分点后，我们还必须要审出采分点的关键字。采分点的关键字对我们写作论述题，有非常重要的意义。大家务必谨记以下几个方面。

第一，采分点的关键字是问题和习近平法治思想联系的关键。

我们知道，论述题考查的科目就是习近平法治思想，所以，考生找到采分点的关键字后，第一反应，就是往习近平法治思想的内容去联系。而且，一定要坚信，采分点的关键字一定与习近平法治思想有关。如果能成功地联系到习近平法治思想的内容，那么，我们就找到了采分点的答题要点，同时，也就找到了答题方向。

比如2019年真题，一个采分点是“深化党和国家机构改革”，看到“改革”，我们就应当想起来习近平法治思想中和改革有关的知识点，“重大改革，于法有据”“在法治下推进改革，在改革中完善法治”等内容。

再如2018年真题，有一个采分点的关键字是“社会主义法治实践”，看到“社会主义法治实践”，我们就应当联想到“五大实践不能忘”，联想到“科学立法、严格执法、公正司法、全民守法”的有关内容。

又如2017年真题，一个采分点的关键字是“天理、国法、人情”，如果我们能够理解“天理”的内涵和“道德”有关，那么，我们就应当想起来“依法治国和以德治国相结合”的有关内容。2017年真题，还有一个采分点的关键字是“国情”。看到“国情”，我们就应当想到“一切从中国实际出发”的有关内容。

当然，通过采分点的关键字联想到习近平法治思想的有关内容，还需要考生熟练掌握习近平法治思想的基本内容。

第二，采分点的关键字彼此之间一定是有联系的。

这种联系，我们可以通过审问题找到，也可以通过阅读材料找到，还可以通过我们掌握的基本知识找到。总之，要想写好论述题，必须找到采分点彼此之间的联系。

第三，采分点的关键字是联系问题与材料之间的基本线索，也是我们审读材料的钥匙，同时还是我们解剖材料的手术刀。

第四，采分点的关键字也是我们写作观点句的必备素材。

那么，问题中的哪些内容属于采分点的关键字呢？

首先，问题中的采分点本身包含的内容属于采分点的关键字。如2016年主观题试卷第一题：

采分点“结合依宪治国、依宪执政的总体要求”中的关键字是“依宪治国、依宪执政”。采分点“法律面前人人平等”中的关键字是“平等”。采分点“法律面前人人平等对推进严格司法的意义”则是“推进严格司法”。我们在审读材料时，必须带着上述采分点的关键字，遇到材料中的某句话有该关键字或者类似含义的词句，就将该句话勾画出来，以备分析和写作之用。

其次，问题中的采分点之外的内容，可能也有采分点的关键字。

如2017年主观题试卷第一题，其问题为：

“请根据材料一和材料二，结合自己对中华法文化中‘天理、国法、人情’的理解，谈谈在现实社会的司法、执法实践中，一些影响性裁判、处罚决定公布后，有的深获广大公众认同，取得良好社会效果，有的则与社会公众较普遍的认识有相当距离，甚至截然相反判断的原因和看法。”

我们直接看问题的第二部分“结合自己对中华法文化中‘天理、国法、人情’的理解”，这里意味着我们必须要把“对中华法文化中‘天理、国法、人情’的理解”的内容答出来，此属于明确的采分点一。这里的采分点关键字即为“天理、国法、人情”。考生还应当注意，问题中明确提及“天理、国法、人情”是“中华法文化”的一部分，因此，这里的“中华法文化”也属于采分点的关键字。

考生必须要找出采分点涉及的所有关键字，因为采分点的关键字是我们审读材料并找出材料和问题之间联系的关键。

问题的第三部分“在现实社会的司法、执法实践中，一些影响性裁判、处罚决定公布后，有的深获广大公众认同，取得良好社会效果，有的则与社会公众较普遍的认识有相当距离，甚至截然相反判断的原因和看法。”意味着采分点二是裁判、决定获得广大公众认同或者不认同的原因和看法。这里的采分点关键字为“裁判、决定”“社会效果”。

这里，我们寻找采分点的过程其实就是“破题”的过程。

所谓“破题”即对问题进行分析，找出问题的切入点的过程。“破题”不是审题的必需步骤。但是，2017年主观题试卷第一题由于问题字数众多，不少考生审完题后，竟然不知道问题是什么，这就需要引入“破题”环节了。结合采分点一和采分点二，我们即对本题“破题”成功，这道题的核心问题是：从“天理、国法、人情”的角度谈谈裁判、决定获得广大公众认同或者不认同的原因和看法。

再以2018年主观题试卷第一题为例，其问题为：

“根据上述材料和社会主义法治实践，结合自身学习和工作实际，谈谈你对必须坚定不移走中国特色社会主义法治道路核心要义的理解和认识。”

题干的第一部分“根据上述材料和社会主义法治实践”，与往年命题最大的不同在于，多了“社会主义法治实践”，往年命题，以2017年为例，仅仅只是“根据以上材料”。但“社会主义法治实践”正是我们必须要找到的采分点一。命题人在此处，实际上设置了一个陷阱，2018年之前的论述题，采分点一都是跟在“结合”之后，但是，由于2018年的命题在“结合”后设置的是“自身学习和工作实际”，命题人干脆将“社会主义法治实践”放置在了“结合”之前。

“社会主义法治实践”是采分点一，这意味着，我们在答题的时候，首先，要答出什么是“社会主义法治实践”，其次，必须要从“社会主义法治实践”的角度答题。当然，这里的“社会主义法治实践”就是我们需要的采分点的关键字。我们在阅读材料时，必须高度关注涉及“社会主义法治实践”的部分。

题干的第二部分“结合自身学习和工作实际”，这是采分点二。采分点二意味着我们在答题的时候，必须要结合自己的基本情况，你是一个学生，就结合自己的学习实际；你是一个在职人员，就结合自己的工作实际，当然，在职工作人员也可以结合自己的学习实际。注意，采分点二“结合自身学习和工作实际”，与材料无关，因此，我们没有必要，也无法提取关键字。

题干的第三部分“谈谈你对必须坚定不移走中国特色社会主义法治道路核心要义的理解和认识”，这里实际上有两个采分点，采分点三是对“中国特色社会主义法治道路核心要义”的理解和认识，即什么是中国特色社会主义法治道路核心要义。采分点四是对“必须坚定不移走中国特色社会主义法治道路”的理解和认识。即为什么要坚定不移走中国特色社会主义法治道路的核心要义。采分点四从另一个角度回答，即中国特色社会主义法治道路的伟大意义。这里的采分点关键字当然就是“中国特色社会主义法治道路”。我们在阅读材料时，必须高度关注涉及“中国特色社会主义法治道路”的部分。

我们再看2019年主观题试卷第一题。问题是：

“根据材料，结合你对深化党和国家机构的改革的认识，谈谈建设法治政府对全面依法治国的重要意义以及新时代法治政府建设的根本遵循。”

题干的第一部分“根据材料”，这意味着，我们的答案不能是凭空得来的，而应当是结合自己掌握的基本知识，通过对材料的分析，从材料中得出来的。即我们的答案必须要结合材料才会有材料相关的分数。事实上，就近几年的论述题分析，“材料即答案”的命题趋势非常明显，分析近几年的真题就可以发现，如果不用材料，你甚至很难完成文章的写作。即使考生勉强完成写作，也可能会沦于“假大空”、不着边际的尴尬境地。所以，考生一定要记住，对材料绝不能浅尝辄止，而必须认真研读，深思熟虑，不放过任何一点可能和采分点有关的内容。

题干的第二部分“结合你对深化党和国家机构的改革的认识”，这是采分点一。采分点一要求考生必须答出对“深化党和国家机构的改革”的认识。这个认识是一个比较抽象的词汇，到底要认识哪些方面呢？我们在后面会说。

题干的第三部分“谈谈建设法治政府对全面依法治国的重要意义以及新时代法治政府建设的根本遵循”，这里实际上有三个采分点，采分点二是“全面依法治国”的概念，采分点三是“建设法治政府对全面依法治国的重要意义”，采分点四是“新时代法治政府建设的根本遵循”。

四、采分点中的一些特定词汇的意义

近几年真题，命题人采取了“核心要义”“根本遵循”“认识和理解”“改革重构司法权力配置和运行机制”这样比较抽象的词汇，很多考生因为不理解这些抽象的词汇，导致审出采分点，但却不知道需要写哪些内容。以下结合真题分析这些遇到的抽象词汇，大家应当写什么。

1. 谈对“国家政策的认识”

如2019年真题谈对“深化党和国家机构改革的认识”。《中共中央关于深化党和国家机构改革的决定》第二部分原文“深化党和国家机构改革的指导思想、目标、原则”如下：

深化党和国家机构改革，必须全面贯彻党的十九大精神，坚持以马克思列宁主义、毛泽东思想、邓小平理论、“三个代表”重要思想、科学发展观、习近平新时代中国特色社会主义思想为指导，适应新时代中国特色社会主义发展要求，坚持稳中求进工作总基调，坚持正确改革方向，坚持以人民为中心，坚持全面依法治国，以加强党的全面领导为统领，以国家治理体系和治理能力现代化为导向，以推进党和国家机构职能优化协同高效为着力点，改革机构设置，优化职能配置，深化转职能、转方式、转作风，提高效率效能，为决胜全面建成小康社会、开启全面建设社会主义现代化国家新征程、实现中华民族伟大复兴的中国梦提供有力制度保障。

深化党和国家机构改革，目标是构建系统完备、科学规范、运行高效的党和国家机构职能体系，形成总揽全局、协调各方的党的领导体系，职责明确、依法行政的政府治理体系，中国特色、世界一流的武装力量体系，联系广泛、服务群众的群团工作体系，推动人大、政府、政协、监察机关、审判机关、检察机关、人民团体、企事业单位、社会组织等在党的统一领导下协调行动、增强合力，全面提高国家治理能力和治理水平。

深化党和国家机构改革，既要立足于实现第一个百年奋斗目标，针对突出矛盾，抓重点、补短板、强弱项、防风险，从党和国家机构职能上为决胜全面建成小康社会提供保障；又要着眼于实现第二个百年奋斗目标，注重解决事关长远的体制机制问题，打基础、立支柱、定架构，为形成更加完善的中国特色社会主义制度创造有利条件。

再如《关于深化人民法院司法体制综合配套改革的意见——人民法院第五个五年改革纲要（2019—2023）》的总体要求，就是“指导思想、基本原则、总体目标”这方面的内容。《关于加强法治乡村建设的意见》的总体要求也是“指导思想、基本原则、总体目标”这些内容。

指导思想，当然都是一样的：“坚持以马克思列宁主义、毛泽东思想、邓小平理论、‘三个代表’重要思想、科学发展观、习近平新时代中国特色社会主义思想为指导”。

基本原则，前三个一定是：坚持党的领导，坚持人民当家作主、坚持依法治国。剩下的基本原则，就需要你根据该政策的具体要求写了，如2019年考题，谈对“深化党和国家机构改革的认识”，再写原则，当然就是“在法治下推进改革，在改革中完善法治”了。

实现目标，当然各有不同，除了习近平法治思想本身要求记住全面依法治国的总目标，根据2019年真题分析，这个实现目标，一般会出现在材料中，就看你如何使用了。

因此，考生再遇到采分点谈“对国家政策的认识”，首先，第一句话写政策的重要意义，第二句话写指导思想，接下来是基本原则和怎么办，最后是总体目标。这些内容就是你需要认识的内容。

2. 对理论的理解和认识

对理论的理解和认识，主要就是谈内涵（是什么）、意义（为什么）、怎么办、实现目标等。当然，也不是每一个理论都必须答出所有这些内容，我们必须根据具体的理论本身以及材料给出的内容具体分析，答出其中的部分内容，一般只需要答出内涵（是什么）、意义（为什么）、怎么办即可。

3. 核心要义

对“核心要义”的理解，首先要看习近平法治思想是否有专门的表述，如2021年考查“习近平法治思想的核心要义”，官方已经界定为“十一个坚持”，那么必须回答出“十一个坚持”。2018年考查“中国特色社会主义法治道路的核心要义”，官方已经界定为“坚持中国共产党的领导，坚持社会主义制度，贯彻中国特色社会主义法治理论”，同样必须按照官方的要求回答。

如果官方未对“核心要义”有特别说明，那么，按照字面进行文义解释，就是中心要点、内涵。

4. 必须……

2018年考查“必须坚定不移走中国特色社会主义法治道路核心要义的理解和认识”，这里的“必须”就是要求你回答“原因”，即为什么要坚定不移走……

5. 意义、必要性、正当性

意义、必要性和正当性，本质上都是谈“原因”。意义和正当性是谈正面的原因，必要性则是谈负面的原因。如全面依法治国的重大意义，意义就是正面的原因，必要性就是谈存在的问题。

6. 根本遵循

2019 年考查“新时代建设法治政府的根本遵循”，这里的根本遵循，其实就是基本要求，不外乎就是“指导思想、基本原则、怎么办”，这些方面的内容。如《法治政府建设实施纲要（2015—2020 年）》是这样写的：

“建设法治政府必须坚持中国共产党的领导，坚持人民主体地位，坚持法律面前人人平等，坚持依法治国和以德治国相结合，坚持从中国实际出发，坚持依宪施政、依法行政、简政放权，把政府工作全面纳入法治轨道，实行法治政府建设与创新政府、廉洁政府、服务型政府建设相结合。”

7. 改革重构司法权力配置和运行机制

2022 年考查“改革重构司法权力配置和运行机制”的成就和意义。很多考生一上来就蒙了，“改革重构司法权力配置和运行机制”是什么意思？其实，依靠正常的理解就应当知道，这里讲的其实是“司法体制改革”。即使考生依靠字面意思一时难以理解，通过审材料，也能够找到“司法体制”，进而理解清楚“改革重构司法权力配置和运行机制”的含义就是“司法体制改革”，从而找到答题方向和内容。

2023 年的论述题，或许会出现考生没有见过的抽象词汇，大家也不必紧张，根据“考宏观不考微观”的基本思路，运用你的汉语知识，围绕习近平法治思想的基本内容进行严格的文义解释即可。比如 2022 年的“改革重构司法权力配置和运行机制”就是司法体制改革。再如 2018 年的“核心要义”，我们用文义解释分析，所谓“核心”就是中心、主要部分。再看“要义”，不就是要点吗？所以，“核心要义”其实就是中心要点、内涵。又如 2019 年的“根本遵循”，所谓“根本”指基础或本质，“遵循”指遵守、遵从。因此，“根本遵循”其实就是本质上的要求。而“考宏观不考微观”的思路，则决定了，我们在理解“核心要义”“根本遵循”这类较为抽象的词汇时，必须要从宏观的角度进行。

第四节　审答题要求

考生切莫小瞧答题要求，这里的每一个具体要求都有着明确的分值，如答题要求中的“无观点或论述，照搬材料原文的不得分”就有相应的分值，考生在写作中有明确的观点，那么，就可以获得相应的分数。因此，考生在答题时必须要满足试题的“答题要求”部分提出的明确要求，如字数、段落、逻辑、论证等方面的要求，否则，就会被扣除相应的分值。

以2022年的时政论述题和答案要求为例：

问题：

请根据以上材料，结合你对习近平法治思想的理解，谈谈党的十八大以来改革重构司法权力配置和运行机制的重大成就和意义。

答题要求：

1. 无观点或论述，直接照搬材料原文的不得分；
2. 观点正确，表达完整、准确；
3. 总字数不少于600字。

首先，“无观点或论述，照搬材料原文不得分”，这里有两层意思，一是，考生必须能够针对采分点之间的关系，根据题干的要求写出自己的观点。须注意，你的观点并不是凭空得来，而必须是根据采分点提供的理论和材料提供的素材，通过推理论证得来。二是,“照抄原材料不得分”，这里的“照搬原材料不得分”是有一个前提的，即在没有观点或论述的情况下，照搬材料原文才不得分。这就提醒我们，在使用材料时，必须要有自己的观点、有论述，一定要引用和论点、论述有关的材料为自己的观点和论述服务。

其次，“观点正确”，第一，要求我们的观点必须符合习近平法治思想的基本价值观，第二，要求我们的观点必须准确，必须切题，必须是以理论分析材料之后推理论证得出的。

再次，“表述完整、准确”，这里的“完整”意味着，其一，我们的文章结构必须完整，即我们在写论述题时要有开头、主体、结尾三部分，这才是一篇完整的文章。其二，我们在写作采分点涉及的理论时，必须写全，不能有遗漏。“准确”则意味着我们的写作必须符合采分点本身的理论，不能有偏差。其实，这里的“完整、准确”暗含的意思就是，这道题是有标准答案的，否则何来准确之说？实际上也确实如此，司法考试时代每年卷四第一题，官方都是要发布参考答案的。

最后，“总字数不得少于 600 字”，这意味着，如果我们写作论述题时，没有写够 600 字，则要扣除在字数方面的相应分值。因此，我们务必要在平时加强写作训练。

第五节　审材料

一、材料的重要意义

一篇时政论述题，由三个要素组成，即材料、问题、答题要求。就近四到五年的真题分析，材料在论述题的考查中，应当说越来越重要，其重要性，我们怎么强调都不为过。

第一，材料在论述题中的作用，就好比案例在案例分析题中的作用。如果不研究案例，不分析案情，掌握再多的法条，熟悉再多的理论，又有何用，只不过是无的放矢罢了。

第二，从技术层面分析，命题人给你材料，必有其用处，绝不是用来浪费你的时间的。所以，宋老师在前些年论述题的解析中，将材料作为一个采分点，要求考生在写作论述题时必须要用到材料。但分析近五年的真题，无论是官方曾经给出的参考答案（2016 年司法考试是官方最后一次给出论述题的参考答案），还是问题的采分点涉及的基本内容，都与材料有密切关系，因此，宋老师提出了新的命题趋势“材料即答案”，来强调材料的重要性。

第三，命题人在命题的时候，有两种模式：其一是从问题到材料，其二是从材料到问题。从问题到材料的命题模式，命题人先定下来要考查什么知识点。然后，再从中央的各项政策文件寻找和该知识点有关的内容，或者中央领导就该知识点所做的相关讲话作为时政论述题的材料；从材料到问题的命题模式则正好相反，命题人首先定下来要考查的材料，比如决定考查十九届四中全会通过的《中共中央关于坚持和完善中国特色社会主义制度推进国家治理体系和治理能力现代化若干重大问题的决定》，那么，命题人就会从习近平法治思想的角度，认真研究《中共中央关于坚持和完善中国特色社会主义制度推进国家治理体系和治理能力现代化若干重大问题的决定》的内容，如果某一段落正好是习近平法治思想有关的热点问题，那么，命题人就会从该段落内容中找出相应的习近平法治思想知识点进行命题。总之，无论是从问题到材料，还是从材料到问题的命题模式，材料的重要性是毋庸置疑的。

第四，时政论述题的基本考查思路就是“领会中央意图，和中央保持一致”。材料的来源，要么是党中央的政策文件，要么是中央领导的重要讲话。材料反映的就是中央的意图，作为考生，我们必须和“中央保持一致”，当然，我们的写作不能偏离材料。正是因为这个原因，所以，近几年的考题的一个明显趋势就是“材料即答案”。只要吃透了材料，在写作时从采分点的角度，紧紧围绕材料，考生基本上都能获得不错的分数。甚至，有些考生直言，就是“抄了抄材料”，也通过了。而另外一些考生，苦思冥想，辛勤“创作”，反而名落孙山。为什么两相对比，有这么大的差距？并不是阅卷人“草菅人命”，也不是命题人鼓励抄袭，只是考生对材料的重视程度不同而已。就近几年的试题分析，材料在时政论述题中的作用越来越重要，“材料即答案”的趋势越来越明显。这是考生一定要认识到的时政论述题的命题特点，以 2019 年主观题试卷第一题为例，参考答案几乎 90% 的内容都可以在材料中找到，所以，考生务必高度重视材料在时政论述题中的作用。

二、两个关于材料使用的错误观点

1. 绝对不能使用材料

有老师以答题要求中“无观点或论述，照搬材料原文不得分”来证明不能使用材料。这是典型的断章取义，语文没学好。此答题要求的意思是，在没有观点或论述的情况下，照搬材料原文才不得分。我的写作有观点、有论述，引用材料原文为我的论述服务，当然没问题。这也解释了为什么有些考生说自己几乎就是照抄材料，但是，成绩还是不理想。这些考生，没有自己的观点，没有自己的论述，直接照搬材料，当然没有分数。因此，正确的“抄材料”的方法，就是以采分点为核心抄材料，将材料中的相关内容整合起来为采分点服务，这样才能得高分。比如，2018 年真题的采分点“中国特色社会主义法治道路的核心要义”是“坚持中国共产党的领导，坚持中国特色社会主义制度，贯彻中国特色社会主义法治理论”。有一位考生一上来写的是全面依法治国的总目标：“全面依法治国要求建设中国特色社会主义法治体系，建设社会主义法治国家。这就是，在中国共产党领导下，坚持中国特色社会主义制度，贯彻中国特色社会主义法治理论。”

虽然该考生也写了“坚持中国共产党的领导，坚持中国特色社会主义制度，贯彻中国特色社会主义法治理论”，但是，你这是在全面依法治国的总目标的框架下写，根本没有分数。因为，该考生根本就没有做到“采分点与内容之间的匹配性”。考生必须要说清楚“中国特色社会主义法治道路的核心要义是坚持中国共产党的领导，坚持中国特色社会主义制度，贯彻中国特色社会主义法治理论”，这样才有分数。

2. 使用材料会造成雷同卷

还有人认为，使用太多的材料，会造成雷同卷，这就更可笑了，这是根本没有理解论述题的考查宗旨。论述题的考查宗旨就是与中央保持一致，你与中央雷同，正说明了你与中央保持一致。如果与中央保持一致，都不得分，那谁还能得分？

三、审材料的理论

从命题规范的角度，命题人在选择材料和设计问题时，必须要以习近平法治思想的基本法律思维为前提，认真考虑问题和材料之间的特定联系，将问题和材料统一，即以问题中采分点的关键字作为线索，将两者统一于参考答案中。当考生以自己储备的习近平法治思想知识，通过审读问题和材料，找出材料和问题之间的这种特定联系，并通过规范的语言将这种特定的联系表达出来。应该说，考生就达到了时政论述题的考核要求。

所以，从命题规范的角度，命题人选择的材料和问题之间必须存在着一定的内在联系。因此，考生在做题时，必须坚信：

1. 材料和问题一定有联系

考生必须以采分点的关键字为线索，找出问题与各个材料之间的内在联系，用采分点的关键字将材料和问题统一起来。

如2019年真题。

材料一：全面依法治国是一个系统工程，必须统筹兼顾、把握重点、整体谋划，更加注重系统性、整体性、协同性。依法治国、依法执政、依法行政是一个有机整体，关键在于党要坚持依法执政、各级政府要坚持依法行政。法治国家、法治政府、法治社会三者各有侧重、相辅相成，法治国家是法治建设的目标，法治政府是建设法治国家的主体，法治社会是构筑法治国家的基础。要善于运用制度和法律治理国家，提高党科学执政、民主执政、依法执政水平。

——2018年8月24日习近平《在中央全面依法治国委员会第一次会议上的讲话》

材料二：依法治国是我国宪法确定的治理国家的基本方略，而能不能做到依法治国，关键在于党能不能坚持依法执政，各级政府能不能依法行政。我们要增强依法执政意识，坚持以法治的理念、法治的体制、法治的程序开展工作，改进党的领导方式和执政方式，推进依法执政制度化、规范化、程序化。执法是行政机关履行政府职能、管理经济社会事务的主要方式，各级政府必须依法全面履行职能，坚持法定职责必须为、法无授权不可为，健全依法决策机制，完善执法程序，严格执法责任，做到严格规范公正文明执法。

——《习近平谈治国理政》（第二卷）

材料三：深化党和国家机构改革，目标是构建系统完备、科学规范、运行高效的党和国家机构职能体系，形成总揽全局、协调各方的党的领导体系，职责明确、依法行政的政府治理体系……全面提高国家治理能力和治理水平。

——《中共中央关于深化党和国家机构改革的决定》

问题：

根据材料，结合你对深化党和国家机构的改革的认识，谈谈建设法治政府对全面依法治国的重要意义以及新时代法治政府建设的根本遵循。

通过分析采分点和审读材料，我们可以发现，材料一与采分点“全面依法治国”和“建设法治政府对全面依法治国的重要意义”有联系，并为之服务。材料二与采分点“全面依法治国”“建设法治政府对全面依法治国的重要意义”“新时代建设法治政府的根本遵循”有关系，并为之服务。材料三与采分点“深化党和国家机构的改革的认识”有关系，并为之服务。

因此，考生必须以采分点的关键字为线索，找出问题与各个材料之间的内在联系，用采分点的关键字将材料和问题统一起来。

2. 材料之间一定有联系

正如材料和问题的有机统一，大家必须谨记，不管有多少个材料，材料之间一定也存在着内在的联系，这个内在联系就是采分点的关键字。因此，考生必须通过采分点的关键字将各个材料统一起来。

如2015年真题。

材料一：法律是治国之重器，法治是国家治理体系和治理能力的重要依托。全面推进依法治国，是解决党和国家事业发展面临的一系列重大问题，解放和增强社会活力、促进社会公平正义、维护社会和谐稳定、确保党和国家长治久安的根本要求。要推动我国经济社会持续健康发展，不断开拓中国特色社会主义事业更加广阔的发展前景，就必须全面推进社会主义法治国家建设，从法治上为解决这些问题提供制度化方案。

——习近平《关于〈中共中央关于全面推进依法治国若干重大问题的决定〉的说明》

材料二：同党和国家事业发展要求相比，同人民群众期待相比，同推进国家治理体系和治理能力现代化目标相比，法治建设还存在许多不适应、不符合的问题，主要表现为：有的法律法规未能全面反映客观规律和人民意愿，针对性、可操作性不强，立法工作中部门化倾向、争权诿责现象较为突出；有法不依、执法不严、违法不究现象比较严重，执法体制权责脱节、多头执法、选择性执法现象仍然存在，执法司法不规范、不严格、不透明、不文明现象较为突出，群众对执法司法不公和腐败问题反映强烈。

——《中共中央关于全面推进依法治国若干重大问题的决定》

问题：

根据以上材料，结合全面推进依法治国的总目标，从立法、执法、司法三个环节谈谈建设社会主义法治国家的意义和基本要求。

通过审读材料，我们可以发现，材料一讲全面依法治国是“解决党和国家事业发展面临的一系列重大问题的根本要求”，材料二却在谈我国当前法治实践中立法、执法、司法面临的一些问题。显然，材料一的全面依法治国正好可以解决材料二中提出的问题。

故，审材料的关键在于，不是看材料彼此之间有没有联系，也不是看问题和材料之间到底有没有联系，而是要想办法找到材料彼此之间的联系，找到材料和问题之间的特定联系，我们必须通过自己掌握的理论知识和对材料的审读找到材料和问题之间的联系。当我们找到了材料彼此之间的联系，找到了材料和问题之间的联系，实际上，我们文章写作的基本思路也就形成了。

考生务必牢记，审材料的方向是非常明确的，即材料和采分点之间的关系，审材料最忌讳的就是发散性思维、天马行空的想象。2022 年全国统考，有考生在宋老师微博留言，尽管他不知道“改革重构司法权力配制和运行机制”的准确含义，但是，看见材料一大谈成就，材料二主谈意义。而问题问的恰好就是“改革重构司法权力配制和运行机制的成就和意义”，就想起来宋老师一直强调的“材料即答案”，材料中的成就和意义不就是问题中的成就和意义吗？虽然这位考生没有意识到，但他确实是在紧紧围绕采分点审材料，这当然是正确方向。

四、审材料的方法

第一，必须带着问题中所有采分点的关键字去审材料。但是，就近几年真题分析，涉及的采分点越来越多，动辄三到四个，而每一个采分点涉及的关键字可能又不止一两个。考生仅凭记忆，很难把握住，因此，可以通过在电脑屏幕上将问题的采分点高亮标注的方式，或者将上述采分点的关键字写在演草纸上，放在电脑屏幕旁边，随时提醒自己注意采分点的关键字。

第二，审材料一遍是不够的，但是，反复读，可能又会浪费太多时间。宋老师建议考生应当审读材料不少于三次。第一次，快速通读材料，只要材料中的某一句话中有采分点的关键字，那么，必须将这句话标注出来。因为，这句话，一定能为我们写作论述题所用。第二次，精读材料，重点阅读自己勾画过的内容，同时分析该内容对采分点的作用，开始谋划采分点的写作。第三次，再进行整体阅读，防止遗漏材料的重要内容。

第三，在审读材料的过程中，可能找不到采分点的关键字。这时候，也不要慌张，一定要牢记，“材料即答案”，材料就是为采分点服务的。所以，我们可以从形式上寻找采分点的关键字。

形式上，我们要寻找和采分点关键字完全一致或者形式上比较相似的词汇。如果没有和采分点的关键字完全一样的内容，那就寻找采分点关键字的同义词、近义词。如果还找不到，那就寻找和采分点关键字有部分关系的词。比如2016年真题，其中一个采分点的关键字是“依宪治国”，通读材料全篇也找不到“依宪治国”四个字，但是，材料里边却出现“宪法”字样，那么，包含“宪法”的这句话，对采分点“依宪治国”一定是有用的，我们必须把这句话勾画出来。

第四，如果从形式上，我们无法在材料中找到采分点的关键字，那么，就必须从内容上在材料中寻找采分点的关键字。从内容上找采分点的关键字，要求我们从与采分点形式上无关，但具有实质相似的词汇入手。比如2019年真题的一个采分点是“建设法治政府”，而材料二中则有“依法行政”的字样，我们知道，行政机关指的就是各级政府，所以，“依法行政”和“法治政府”就是实质上相似的词汇。当然，材料中包含“依法行政”的这句话，我们就应当勾画出来。而且，我们还可以在实质相似的词汇的基础上，继续寻找形式上相似的词汇，如我们审读2019年真题的材料时，可以找到“依法执政”，这里的“依法执政”和“依法行政”就是形式上相似的词汇，因此，材料中含有“依法执政”的句子，我们也必须勾画出来。

第五，考生还应当学会总结材料的段落大意和中心思想。总结段落大意和中心思想，是阅读理解的必备能力。虽然近几年的真题，给的材料内容并不是很多，并未考查考生总结段落大意和中心思想的能力，但是，不排除未来会给出内容更为翔实的材料，因此，考生必须具备总结段落大意和中心思想的能力，通过总结材料的段落大意和中心思想来寻找与采分点的关系。

一般地，就写作规律而言，一段话中，第一句话和最后一句最可能揭示段落的中心思想。所以，宋老师在教大家写作时，提倡总—分—总的段落写作方法，即第一句话总说，如，A包括A1、A2、A3、A4，然后的每一句话分说A1如何，A2如何等，最后再总结。这种写作手法是中央政策文件的常规写法。所以，考生在总结段落中心思想时必须高度重视每一段的第一句和最后一句。另外，在审读材料时，考生还应当注意寻找一段话中重复频率最高的词汇，该词汇就是这段话的核心关键字，有助于我们提炼段落的中心思想。

第六，如果上述方法都不行，那么，我们就可以用笨办法：用采分点逐个往材料上套。毕竟，命题人给定材料，绝不是用来浪费大家时间的，一定是为采分点服务的，我们需要做的就是找到材料为哪一个或者哪几个采分点服务。

五、审材料的实践

1. 2018 年真题

2018 年主观题试卷第一题如下。

材料一：中国特色社会主义法治道路，是社会主义法治建设成就和经验的集中体现，是建设社会主义法治国家的唯一正确道路。在走什么样的法治道路问题上，必须向全社会释放正确而明确的信号，指明全面推进依法治国的正确方向，统一全党全国各族人民认识和行动。

——《关于〈中共中央关于全面推进依法治国若干重大问题的决定〉的说明》2014 年 10 月 20 日，选自《习近平关于全面依法治国论述摘编》

材料二：全面依法治国是国家治理的一场深刻革命，必须坚持厉行法治，推进科学立法、严格执法、公正司法、全民守法。

——《决胜全面建成小康社会 夺取新时代中国特色社会主义伟大胜利》，习近平在中国共产党第十九次全国代表大会上的报告，2017 年 10 月 18 日

材料三：中国各族人民将继续在中国共产党领导下，在马克思列宁主义、毛泽东思想、邓小平理论、“三个代表”重要思想、科学发展观、习近平新时代中国特色社会主义思想指引下，坚持人民民主专政，坚持社会主义道路，坚持改革开放，不断完善社会主义的各项制度，发展社会主义市场经济，发展社会主义民主，健全社会主义法治，贯彻新发展理念，自力更生，艰苦奋斗，逐步实现工业、农业、国防和科学技术的现代化，推动物质文明、政治文明、精神文明、社会文明、生态文明协调发展，把我国建设成为富强民主文明和谐美丽的社会主义现代化强国，实现中华民族伟大复兴。

——《中华人民共和国宪法修正案》，2018 年 3 月 11 日第十三届全国人民代表大会第一次会议通过

问题：

根据上述材料和社会主义法治实践，结合自身学习和工

作实际，谈谈你对必须坚定不移走中国特色社会主义法治道路核心要义的理解和认识。

我们在前文分析的采分点关键字包括“社会主义法治实践”“中国特色社会主义法治道路”。这两个采分点关键字之间的关系，根据问题本身，以及我们掌握的习近平法治思想基本知识，立刻就应当分析出来，即社会主义法治实践必须沿着中国特色社会主义法治道路前进。同时，我们还必须带着上述关键字审读材料，看见材料中的句子包含有采分点的关键字或者与其意思相近的词语，那么，就将这个句子勾画出来。同时要坚信，这些句了一定能为我们的文章所用。

材料一的关键字非常明确，主要讲中国特色社会主义法治道路的重要意义。

材料二的关键字似乎不太明确，但是，大家根据自己掌握的习近平法治思想基本知识“五大实践不能忘”，就能判断出来，主要讲什么是全面依法治国，即法治实践的基本步骤，也可以说是全面依法治国的基本步骤。

材料三直接引用2018年宪法修正案。首先，看见“社会主义道路”，其中的“道路”当然就是采分点的关键字了，我们立刻就能联想到中国特色社会主义法治道路了。其次，谈到了我国未来的目标：“推动物质文明、政治文明、精神文明、社会文明、生态文明协调发展，把我国建设成为富强民主文明和谐美丽的社会主义现代化强国，实现中华民族伟大复兴。”这个目标，不正是通过中国特色社会主义法治道路实现的吗？这样，我们当然也找到了材料和采分点关键字之间的关系。

这样，材料之间的关系已经很清楚了，材料二中的社会主义法治实践，必须沿着中国特色社会主义法治道路前进，为中华民族伟大复兴的宏伟目标提供法治保障。所以，我们为什么要走中国特色社会主义法治道路？因为它是唯一正确道路，能为中华民族伟大复兴提供法治保障。分析至此，这道题怎么答，相信大家心里都已经有思路了。

2. 2022年真题

2022年主观题试卷第一题如下。

材料一：改革开放以后，党坚持依法治国，不断推进社会主义法治建设……党领导深化以司法责任制为重点的司法体制改革，推进政法领域全面深化改革，加强对执法司法活动的监督制约，开展政法队伍教育整顿，依法纠正冤错案件，严厉惩治执法司法腐败，确保执法司法公正廉洁高效权威。

摘自《中共中央关于党的百年奋斗重大成就和历史经验的决议》，2021年11月11日中国共产党第十九届中央委员会第六次全体会议通过

材料二：当前，法治领域存在的一些突出矛盾和问题，原因在于改革还没有完全到位。要围绕让人民群众在每一项法律制度、每一个执法决定、每一宗司法案件中都感受到公平正义这个目标，深化司法体制综合配套改革，加快建设公正高效权威的社会主义司法制度。

摘自习近平：《坚持走中国特色社会主义法治道路 更好推进中国特色社会主义法治体系建设》，载《求是》2022年第4期

材料三：习近平总书记指出，权力是一把双刃剑，在法治轨道上行使可以造福人民，在法律之外行使则必然祸害国家和人民。执法司法权力专业性强、自由裁量度大、受干扰诱惑多，权力的多重属性表现尤为明显。

摘自钟政声：《深化执法司法权力运行机制改革，归根结底就是要规范用权》

问题：

请根据以上材料，结合你对习近平法治思想的理解，谈谈党的十八大以来改革重构司法权力配置和运行机制的重大成就和意义。

2022年真题的问题结构比较简单，属于2.0版。涉及的采分点有三个：习近平法治思想、党的十八大以来改革重构司法权力配置和运行机制的重大成就、党的十八大以来改革重构司法权力配置和运行机制的意义。采分点的关键字也很清晰：习近平法治思想、改革重构司法权力配置和运行机制、重大成就、意义。

我们必须带着上述关键字审读材料，看见材料中的句子

包含采分点的关键字或者有与其意思相近的词语，那么，就将这个句子勾画出来。同时要坚信，这些句子一定能为我们的文章所用。

“习近平法治思想”属于考生必背的知识，考查的是考生的理解记忆能力。如果考生记忆非常准确，直接写作即可。如果考生的记忆不准确，那么，就需要从材料中挖掘相关的内容。

采分点的关键字“改革重构司法权力配置和运行机制”乍一看非常唬人，似乎“习近平法治思想”学科中的所有内容都与此无关。也正是如此，不少考生一看见问题，脑袋刹那间就处于“懵”的状态，陷入无所适从的境地。其实，按照宋老师讲的方法审材料，考生就能找到“改革重构司法权力配置和运行机制”的含义，从而确定采分点的内容。

审遍三篇材料，我们找不到与“改革重构司法权力配置和运行机制”完全相同的句子。只能寻找与“改革重构司法权力配置和运行机制”相似的字词。按照字面意思理解，“改革重构司法权力配置和运行机制”，“改革重构”与改革有关，“司法权力”与司法有关，“权力配置”“运行机制”与制度、体制有关。所以，“改革重构司法权力配置和运行机制”其实就是司法体制改革。

即使考生无法确定，或者不敢确定自己的理解是否正确，也还可以通过审读材料找到“改革重构司法权力配置和运行机制”的含义。如材料一第一句话就涉及“司法体制改革”；材料二中的第一句话也涉及“改革”，第二句话涉及“司法体制配套改革”；材料三则涉及“司法权力”，其材料来源“深化执法司法权力运行机制改革，归根结底就是要规范用权”更是在告诉考生，“改革重构司法权力配置和运行机制”的含义就是“司法体制改革”。

如果考生能够确定了“改革重构司法权力配置和运行机制”的含义就是“司法体制改革”。那么，采分点“党的十八大以来改革重构司法权力配置和运行机制的重大成就”“党的十八大以来改革重构司法权力配置和运行机制的意义”的含义就很清楚了，命题人不就是希望考生回答党的十八大以来，司法体制改革的成就和意义吗？

理解清楚采分点的含义，审读材料的方向就更明确了。材料一其实讲的就是司法体制改革的成就；材料二和材料三讲的则是司法体制改革的意义。

这完全符合宋老师提倡的“材料即答案”的答题思路。

考生只需要围绕材料一回答“司法体制改革的成就”这个采分点，当然，这需要考生适当地扩展，毕竟，材料只是点出了几项成就，没有给出成就的具体内容；围绕材料二和材料三回答“司法体制改革的意义”这个采分点，当然，这还需要考生围绕采分点“司法体制改革的意义”对材料进行适当的改造。

第三章　论述题的写作结构与技巧

第一节　论述题的写作结构

文章写作是有其内在规律的。考生如何在短时间内按照论述题的答题要求写出一篇令阅卷人满意的文章呢？当然，字、词、句的训练是必须的。然而，字、词、句只是文章的血肉，文章要想丰满，还必须要有立体的骨架，即基本的写作结构，宋老师在这里为大家提供一个典型的四段论写作结构：

提出观点、阐释理论、结合材料、总结提炼。

所谓四段论写作结构，观点一段，理论一段，材料一段，总结一段。一篇文章一共写四段。这种写作结构，其实是一个三段论的演绎推理过程。理论是大前提，材料是小前提，结论就是观点。只不过，我们从方便阅卷人的角度写作，开门见山地先提出自己的基本观点。然后再去阐释得出观点的大前提，即理论部分。再用理论部分对材料进行分析，形成演绎推理的小前提。最后再对自己的基本观点进行总结。

但是，这里要提醒大家的是，“观点、理论、材料、总结”的四段论的写作结构，适用于最基本的问题结构，即1.0版的问题结构：“根据以上材料，谈谈A”。这里的A就属于四段论写作结构的理论部分，要单独写成一段，然后材料分析部分再单独作为一段，我们写成最简单的写作结构：

“观点、A理论、材料、总结”。

而根据前文分析，近几年的问题结构，都是“根据以上材料，结合A谈B”或者“根据以上材料，结合A谈B对C的意义”之类，这时候，单纯的四段论写作结构就不够用了。而且，我们在前文已经分析，A、B、C、B对C的意义等都属于我们必须要写作的采分点，这些采分点都属于我们四段论写作结构中的理论部分的内容，这样，传统的四段论写作结构就不够用了，我们必须对之进行变化，重新布局。

具体而言，当出现 A、B、C 这样多个采分点的问题结构时，我们必须把每一个采分点作为一个理论，单独写一段，同时，将每一个理论需要的材料部分与该理论共同写成一段。即，A 理论和 A 材料写成一段，B 理论和 B 材料写成一段，C 理论和 C 材料写成一段。

比如，对于 2.0 版的问题结构：“根据以上材料，结合 A 谈 B”的问题结构，我们就可以这样布局：

“观点、A 理论加材料、B 理论加材料、总结”。

这样，虽然文章还是四段，但是，已经不单纯是传统的四段论的写作结构了。

再如，3.0 版的问题结构：“根据以上材料，结合 A 谈 B 对 C 的意义”的问题结构，我们可以这样布局：

“观点、A 理论加材料、B 理论加材料、B 对 C 的意义、总结”。

这时候，文章已经变成了五段。

因此，我们在写作时，一定要根据论述题的问题结构进行分析，根据问题涉及的采分点的多少谋篇布局。

谋篇布局时，一篇论述题应当写作：

“n +2 段”。

这里的“n”指我们审问题审出来的采分点的数量。这里的“2”即观点段和总结段。但是，要注意，如果审出来的采分点是个性化的答案，如 2018 年的“结合自身学习和工作实际”，则没有必要单独成段。因为个性化的答案在评分技术上不具有可行性。

那么，关于“n +2”的写作结构，其写作顺序又如何呢？

观点段当然是第一段，总结段当然是最后一段。至于“n”个采分点的写作顺序，首先，一般情况下，我们应当按照采分点出现的顺序写作，如“根据以上材料，结合 A，谈谈 B 对 C 的意义”，最好的写作顺序当然就是 A 采分点、B 采分点、C 采分点、B 对 C 的意义。其次，如果从各个采分点的内容进行分析，各个采分点之间在内容上具有逻辑上的先后顺序，那就按照逻辑上的先后顺序写作，比如 C 是 B 的前提，那么，我们就应该先写 C 采分点，再写 B 采分点。

总之，我们在写作时，一定要根据论述题的问题结构进行分析，根据问题涉及的采分点的多少谋篇布局。

最后，提醒各位考生，尝试此种写作结构时，要注意：

第一，必须要牢记习近平法治思想的基本内容，这部分内容是你的文章的理论部分，即大前提。

第二，要审问题和审答题要求，然后通读材料，从中明确你记忆的内容哪些是作答所必需的。你不能照抄这部分内容，而是必须用你所阐释的理论对材料进行分析，以使得阅卷人认为你的观点是你用理论和材料论证出来的，而不是你的凭空想象。

第三，掌握住基本的写作结构，使你的文章显得逻辑清晰，结构完整，让阅卷人能够一眼发现你的文章的主旨所在。

第二节　观点的写作

一、为什么必须写观点段？

答题要求中有“观点正确”的要求。正确，意味着本题是有标准答案的。同时，正确与否不是由考生自主确定，而是由阅卷人来判定的，这就意味着，我们在写作的时候，必须要以明白确切的方式告知阅卷人，我写出了正确的观点。这就需要考生进行“观点展示”，秉持“方便阅卷人”的原则，将你的观点以单独成段的方式呈现出来。

二、提出观点的注意事项

从方便阅卷人的角度，论述题的写作，必须开门见山，单刀直入，一开篇的第一句话就提出文章的中心观点。如苏洵《六国论》的论点“六国破灭，非兵不利，战不善，弊在赂秦”等，都是在文章开篇提出来的。

就法律职业资格考试（司法考试）的论述题的观点而言，考生应当注意以下几点：

首先，观点必须鲜明。也就是说，考生不能持一个左右摇摆、模棱两可、似是而非的观点，说了半天，让阅卷老师不明白你到底支持什么反对什么。

其次，观点必须切题。也就是说，你的观点应该和考卷给出的材料或案例紧密结合，是可以从材料或案例中合理而自然地引申和归纳出来的，而不是风马牛不相及。

最后，也是最重要的，观点必须正确。所谓观点正确，主要是指观点要有法律思维，要符合民主法治的精神，符合现代社会发展的趋势和要求，有利于保障人权和实现社会公正，同时也必须符合当代中国的社会现实，符合党的基本路线和方针政策。

三、提出观点的技巧

就时政论述题而言，提出观点前，必须要先审题，从题干中找到“采分点”，然后再阅读材料，通过材料的表述，将各个采分点之间的关系梳理清楚。提出观点时，必须要保证你的观点中含有所有的采分点，同时能够表述清楚这些采分点彼此之间的关系。

如2016年卷四第一题的题干为：

“根据以上材料，结合依宪治国、依宪执政的总体要求，谈谈法律面前人人平等的原则对于推进严格司法的意义。”

通过审题，我们可以确定，题干中明确的采分点包括：“依宪治国、依宪执政”“法律面前人人平等”“严格司法”。那么，这就意味着，你的基本观点当中，必须出现这些采分点。通过阅读材料，我们可以发现，材料一讲平等，材料二讲公正司法以保护公民权利。显然，平等正是严格司法的应有之义，法律面前人人平等，能够提升司法公信力，才能更好地保护公民的基本权利。而我们又知道，法律面前人人平等是我国宪法规定的基本原则。那么这些采分点间的关系我们已经梳理清楚了，接下来就可以写作了。

“依宪治国、依宪执政要求法律面前人人平等，任何人都不得拥有超越宪法的特权。在推进严格司法的过程中，必须坚持人人平等，以保障司法公信力，从而更好地保护公民权利。”

再如2015年卷四第一题，其题干为：

“根据以上材料，结合全面推进依法治国的总目标，从立法、执法、司法三个环节谈谈建设社会主义法治国家的意义和基本要求。”

通过审题，我们可以确定，题干中明确的采分点包括："全面推进依法治国的总目标”“立法、执法、司法”“建设社会主义法治国家”。通过阅读材料，我们可以发现，材料一谈意义，材料二谈问题。那么，总目标的意义和要求不正是解决这些问题吗？所以，这些采分点之间的关系就很清楚了。那么我们就可以写了。

“十八届四中全会提出全面推进依法治国的总目标。总目标的提出，对于解决我国当前法治实践中存在的立法、执法、司法方面的问题，对我国全面建成社会主义法治国家具有重要意义。”

通过上述两道论述题的基本观点的写作，我们可以简单总结一下提出观点的关键点：

第一，提出观点部分作为文章的第一段，一般不宜超过两句话。

论述题都有字数限制，如2018年主观题试卷第一题要求不少于600字，这在论述题考查中已经算字数比较多了，前几年的题目都是不少于400字，不少于500字的要求。注意，尽管要求是不少于600字，但也并不是多多益善。因为，如果你写得太多，一方面浪费太多时间；另一方面，答题要求规定不少于600字，其暗含的要求是你在600字就能把你的观点表达清楚，如果你写得太多，显然证明你不能通过600字表达清楚你的观点，这其实表明了你的写作能力是不达标的。

第二，你通过审题找到的采分点的关键字都必须出现在这两句话中。用这些关键字来表明你完成了命题者的要求，从而让阅卷人给你这些采分点的基本分数。

第三，用这些采分点的关键字表达清楚你的基本观点。

总之，观点部分的写作，一定要记住，包含所有采分点的关键字，说清楚采分点之间的关系，而且，不阐释，不论证，不需要采分点更多的细节。要将采分点的具体内容放到采分点段落的写作中。因为，观点段固然重要，但是，采分点段落写得如何才是考生得分的关键。

观点部分写作，最高的评价标准就是，阅卷人读了你写的内容，可以从你的观点段落倒推回问题。

四、如何找采分点之间的联系

论述题观点的写作，最重要的就是找到采分点之间的联系。毫不夸张地说，找到采分点之间的联系，可能这篇文章就已经完成一半了。因为，找到采分点之间的联系就意味着文章的观点已经形成。而按照四段论的写作方法，谋篇布局都是现成的。剩下的任务就是对每一个采分点涉及的理论知识的展开了，且这部分内容的写作，材料还会提供很多素材。

那么，考生如何才能找到采分点之间的联系呢？

考生务必要坚信四条基本原则，第一，采分点彼此之间都是有必然联系的。第二，采分点和材料之间一定是有必然联系的。第三，材料之间一定是有必然联系的。第四，材料一定是通过采分点联系在一起的。

在此基础上，考生务必熟练掌握以下方法。

1. 掌握习近平法治思想基础知识，熟练运用基本法治思维

对习近平法治思想的框架要熟悉，在“重大意义”“核心要义”“实践要求”三部分内容的基础上，掌握每一部分的重点知识。

（1）“重大意义”中的“形成和发展逻辑”“鲜明特色”，以及“重大意义”的相应内容。

（2）“核心要义”中“十一个坚持”每一小节大标题的内容。

（3）“实践要求”中的“发挥法治在经济社会发展中的作用”“正确处理全面依法治国重大关系”中的重点知识。

以 2015 年真题为例：

“根据以上材料，结合全面推进依法治国的总目标，从立法、执法、司法三个环节谈谈建设社会主义法治国家的意义和基本要求。”

背了总目标，自然就知道采分点之间的关系了。总目标要求建设法治体系、法治国家。

其一，法治体系：完备的法律规范体系、高效的法治实施体系、严密的法治监督体系、有力的法治保障体系、完

善的党内法规体系。

其二，法治国家：科学立法、严格执法、公正司法、全民守法。

无论是从“法治体系”，还是从“法治国家”，我们都可以找到采分点之间的关系。

2. 审材料、分析材料的能力

命题人命题，无非就是两种思路，要么是先有材料，通过分析材料设计问题；要么是先设计问题，根据问题寻找相应的材料。无论是哪一种命题模式，材料中都包含着采分点之间关系的线索。近几年论述题体现出的“材料即答案”就是对此最好的诠释。

因此，考生务必要仔细审读材料，在材料中寻找与采分点的关键字形式上或者内容上相似的字词的句子，通过分析这些句子的含义找采分点之间的关系。

以 2016 年真题为例：

材料一：平等是社会主义法律的基本属性。任何组织和个人都必须尊重宪法法律权威，都必须在宪法法律范围内活动，都必须依照宪法法律行使权力或权利、履行职责或义务，都不得有超越宪法法律的特权。必须维护国家法制统一、尊严、权威，切实保证宪法法律有效实施，绝不允许任何人以任何借口任何形式以言代法、以权压法、徇私枉法。必须以规范和约束公权力为重点，加大监督力度，做到有权必有责、用权受监督、违法必追究，坚决纠正有法不依、执法不严、违法不究行为。

——《中共中央关于全面推进依法治国若干重大问题的决定》

材料二：全面推进依法治国，必须坚持公正司法。公正司法是维护社会公平正义的最后一道防线。所谓公正司法，就是受到侵害的权利一定会得到保护和救济，违法犯罪活动一定要受到制裁和惩罚。如果人民群众通过司法程序不能保证自己的合法权利，那司法就没有公信力，人民群众也不会相信司法。法律本来应该具有定分止争的功能，司法审判本来应该具有终局性的作用，如果司法不公、人心不服，这些功能就难以实现。

——习近平《在十八届中央政治局第四次集体学习时的讲话》

问题：

根据以上材料，结合依宪治国、依宪执政的总体要求，谈谈法律面前人人平等的原则对于推进严格司法的意义。

材料一虽然没有谈到采分点“依宪治国、依宪执政的总体要求”，但是，材料满篇都在谈平等与宪法之间的关系。材料一中的“宪法”显然在形式上和采分点“依宪治国、依宪执政的总体要求”中的“依宪治国、依宪执政”有关。综合整个材料，我们就可以发现，依宪治国、依宪执政的要求就是法律面前人人平等。

再以 2018 年真题为例：

材料：中国特色社会主义法治道路，是社会主义法治建设成就和经验的集中体现，是建设社会主义法治国家的唯一正确道路。在走什么样的法治道路问题上，必须向全社会释放正确而明确的信号，指明全面推进依法治国的正确方向，统一全党全国各族人民认识和行动。

——《关于〈中共中央关于全面推进依法治国若干重大问题的决定〉的说明》2014 年 10 月 20 日，选自《习近平关于全面依法治国论述摘编》

问题：

根据上述材料和社会主义法治实践，结合自身学习和工作实际，谈谈你对必须坚定不移走中国特色社会主义法治道路核心要义的理解和认识。

材料一在形式上根本没有提及“社会主义法治实践”的任何字眼，但是“在走什么样的法治道路问题上”却从内容上提示我们，社会主义法治实践必须沿着中国特色社会主义法治道路前进。因为，“走什么样的道路”的含义就是实践。

3. 硬靠的能力

（1）向“有机统一”靠拢。

只要问题中涉及 A、B 之间的关系，或者 A、B、C 三者之间的关系，那么，就可以从有机统一的角度答题。而且，必须牢记，在答题中，A、B、C 有机统一永远都是正确的，割裂 A、B、C 之间的联系，永远都是错误的。

以 2011 年真题为例：

“从正确把握案件执行的法律效果与社会效果有效统一的角度，评价法院（法官）在案件执行中的上述做法。”

再以 2012 年真题为例：

“请根据中央领导同志讲话精神及上述案例，围绕法理与情理、公正与效率相互关系，简述社会主义法治公平正义理念的基本要求。”

再以 2013 年真题为例：

“请结合本案和社会发展实际情况，试述调解和审判在转型时期的关系。”

（2）向习近平法治思想重要知识靠拢。

硬往习近平法治思想的重大意义、核心要义、实践要求内容靠。

以 2017 年真题为例：

“请根据材料一和材料二，结合自己对中华法文化中‘天理、国法、人情’的理解，谈谈在现实社会的司法、执法实践中，一些影响性裁判、处罚决定公布后，有的深获广大公众认同，取得良好社会效果，有的则与社会公众较普遍的认识有相当距离，甚至截然相反判断的原因和看法。”

我们可以从“天理、国法、人情的关系”，联想到有机统一，从有机统一联想到“五原则”中的依法治国和以德治国相结合。我们还可以从“中华法文化”联想到“五原则”中的 切从中国实际出发。

4. 研究采分点之间的大小关系

研究各个采分点之间的大小关系，小的采分点可能是大的采分点的题中应有之义，一个采分点可能是另一个采分点的原因或者结果，一个采分点可能是另一个采分点的目标，一个采分点可能是另一个采分点的实现途径、必要保障等。

以 2019 年真题为例：

材料三：深化党和国家机构改革，目标是构建系统完备、科学规范、运行高效的党和国家机构职能体系，形成总揽全局、协调各方的党的领导体系，职责明确、依法行政的政府治理体系……全面提高国家治理能力和治理水平。

——《中共中央关于深化党和国家机构改革的决定》

问题：

根据材料，结合你对深化党和国家机构改革的认识，谈谈建设法治政府对全面依法治国的重要意义以及新时代法治政府建设的根本遵循。

采分点“全面依法治国”就比采分点“建设法治政府”更大，因为全面依法治国是包括立法、执法、司法、守法、法律监督五大实践在内的。那么，我们就可以说，建设法治政府是全面依法治国的题中应有之义。

习近平法治思想的核心就是全面依法治国，因此，考生应当以全面依治国为中介分析采分点的大小关系。

比全面依法治国大的采分点，全面依法治国为其提供制度保障、法治支撑，如：

“全面依法治国为推进国家治理体系和治理能力现代化提供固根本、稳预期、利长远的制度保障。”

比全面依法治国小的采分点，则：

要么为全面依法治国服务，如：“建设高素质的法治人才为全面依法治国提供人才和组织保障”。

要么在全面依法治国的过程中，必须处理好这个问题，如：“全面依法治国必须正确处理党与法之间的关系”。

5. 先写采分点

如果实在找不到关系，也不要着急，可以先写采分点段，等各个采分点写完之后再写观点段。这样的好处是，在写作采分点段的过程中，会加深对各个采分点的理解和认识，反而有助于找到采分点之间的关系。而且，也不会因为写不出观点段而着急，从而耽误了采分点段的写作。

第三节　采分点的写作

就历年真题涉及的采分点分析。采分点大体上可以分为两大类。其一是“习近平法治思想”中的内容。其二是“习近平法治思想”之外的内容。

一、“习近平法治思想”中的采分点的写作

本题通过“习近平法治思想”中的内容考查考生的理解记忆能力，通过材料考查考生的阅读理解能力，通过问题考查考生的审题和破题的能力。就近几年的真题分析，作为第一题的时政论述题所涉及的采分点，往往有3—4个，其中必定会考查“习近平法治思想”中的内容。

“习近平法治思想”中的内容不多，考生记忆准确就能得分，是考生在考试中必须要抓住的采分点。因此，本书专门以专门章节阐述本部分的内容。对于本部分内容的学习和采分点的写作，宋老师强烈建议考生：

第一，对“习近平法治思想”的框架要非常熟悉，同时，要在习近平法治思想中的“重大意义”“核心要义”“实践要求”三部分内容的基础上掌握每一部分的重点知识，即“形成发展和重大意义”中的“形成发展逻辑”“鲜明特色”以及“重大意义”的相应内容。“核心要义”中“十一个坚持”每一小节大标题的内容。“实践要求”中的“发挥法治在经济社会发展中的作用”“正确处理全面依法治国重大关系”中的重点知识等方面的内容烂熟于心，历年考试，基本都在这些范围内。

第二，考虑到论述题的字数限制，本书设置的每一个采分点都300字左右，考生在记忆时，不能仅仅只是机械记忆，而是要揣摩每一部分内容的写作逻辑和基本结构，分析每一句话的写作逻辑，把握主干和纲要，然后再往里面填充细节。

二、“习近平法治思想”之外的采分点的写作

就历年真题分析，如果考试涉及“习近平法治思想”之外的采分点，那么这个采分点写作的来源一定是材料。因为，时政论述题的答题思路之一就是“材料即答案”。如2022年全国统考真题，采分点“党的十八大以来改革重构司法权力配置和运行机制的重大成就”“党的十八大以来改革重构司法权力配置和运行机制的意义”就来源于材料二和材料三。因此，“习近平法治思想”之外的采分点的写作，最重要的是审读材料。

（一）材料的作用

从命题规范的角度，命题人在选择材料和设计问题时，必须要以习近平法治思想的基本法律思维为前提，认真考虑问题和材料之间的特定联系，将问题和材料统一，即以问题中采分点的关键字作为线索，将两者统一于参考答案中。因此，材料可以说是我们写作论述题的基础和前提。具体而言，材料在论述题中的作用主要有以下几个方面：

第一，材料能够帮助我们确立写作主题，找到文章的核心观点。正如宋老师前文所说，材料是为采分点服务的，命题人提供的所有材料统合在一起，一定能够说清楚采分点之间的关系，甚至一个材料的内容可能包含一个或者几个采分点的内容，很可能在这一个材料中就说清楚了采分点之间的关系。

第二，材料能够帮助我们充实采分点的写作。材料为采分点服务，不可避免会涉及采分点的内容，这些内容当然是我们撰写采分点的最佳素材。这也是宋老师提出“材料即答案”的原因。

第三，材料能够帮助我们回忆采分点的内容。材料是为采分点服务的，材料必定会涉及采分点的部分或者全部内容，通过材料涉及内容的提示，我们就可以回忆出采分点更多的内容，从而顺利完成采分点内容的写作。这也是填空题比选择题更难的原因，毕竟，选择题的选项也会提示考点的部分内容。

第四，材料能够规范我们的写作，让我们的文章风格变得庄重、严肃。考生在写作论述题时集中遇到的一个问题就是语言不规范，“白话、废话太多”，考生在写作中，越是脱离材料，这种倾向就越严重，就越没有信心。但是，如果围绕材料，利用好材料，考生就会发现，想写大白话、废话，根本不是一件容易的事情。因为，材料基本都是党的政策文件和有关领导讲话，行文之规范和庄重自不必多说。

总之，近五年的真题体现出的一个答题规律就是“材料即答案”，围绕材料写，得分就高；偏离材料写，得分就低。

（二）使用材料的注意事项

近五年的真题体现出的“材料即答案”的答题规律，让很多考生又走入另一个极端，即答题时，直接就围绕材料写作，甚至就是把材料每一段的段落大意写出来。这是对材料使用的一个非常大的误区。一定要记住，第一，材料是为问题服务的，准确地说，材料是为采分点服务的，因此，材料和采分点之间一定有联系。第二，材料彼此之间一定有联系，而且一定是通过采分点建立联系。我们需要做的就是，带着在问题中找到的采分点的关键字仔细审读材料，然后在材料中寻找和关键字有关的部分，并对之进行分析，找到材料和采分点之间的联系，找到材料彼此之间的联系，从而确立文章的观点。文章观点确立之后，再用材料中的相关素材充实采分点的写作。

（三）使用材料的技巧

确立文章的观点之后，再将材料中与采分点关键字有关的部分内容以改写或者引用的方式写进文章中，以论证文章的观点，同时也是充实文章的内容。这里必须注意的是，材料的使用是很有讲究的，所谓“天下文章一大抄，看你会抄不会抄”讲的其实就是材料使用的基本原则，可以抄材料，但是，你必须要会抄才可以。

那么，如何才是会抄呢?

首先，我们一定要正确理解答题要求中的“无观点或论述，照搬材料原文不得分”的意思，这个答题要求并不是说，我们不能照搬材料，而是在提醒我们，不能为了使用材料而使用材料，必须要让材料为采分点服务，只要是为采分点服务，即在有观点或论述的情况下，照搬材料是没有问题的。

但是，有些考生把握不住“有观点或论述”，怎么办?

这时候，我们必须要把握住材料使用中“不变与变”。

1. 材料使用中的“不变”

其一，官方的标准表述不能变。一方面，官方的标准表述体现着国家政策和文件的严肃性，不仅是考生写作，国家中央和地方各级媒体，对于官方的标准表述，从来都不会也不敢变动一个字；另一方面，官方的标准表述直接体现考生对官方政策文件的熟悉程度。如果考生连基本的表述都不到位，又何谈“领会中央意图”呢?

其二，采分点的关键字不能变。采分点的关键字直接体现考生的审题能力，阅读理解能力，采分点的关键字表述都能错误，显然意味着你可能根本没有读懂题目，根本不知道题目想要考查什么内容。而且，采分点的关键字也是阅卷人在阅卷过程中判断考生写作是否跑题的关键。

其三，考生在写作过程中，不能擅自改变材料的基本意思。材料要么是中央的有关政策文件，要么是有关领导的讲话。而论述题考查的标准就是“领会中央意图，与中央保持一致”。考生如果曲解了材料的意思，那就意味着，要么考生没有读懂材料，做不到“领会中央意图”，要么是读懂了材料，领会了中央意图，却不愿意“与中央保持一致”。

2. 材料使用中的“变”

材料使用中的“变”，主要强调围绕采分点对材料进行形式与结构上的变化。

答题要求明确“无观点或论述，照搬材料原文不得分”。因此，只要有观点和论述，围绕观点和论述引用材料是完全没有问题的。但是，有些考生把握不住“有观点和论述”的要求，怎么办？此时，考生要注意：

（1）不能大段大段地引用，尽量避免整句整句地引用。如果确实需要引用材料中的某句话，那么，我们应当引用这句话的一部分。哪怕你引用了这句话的主干，只是省略了其中几个字，这也不能算是抄，因为省略了这几个字就已经体现出了你的原创性。

如2016年卷四第一题材料一中的这句话：

“任何组织和个人都必须尊重宪法法律权威，都必须在宪法法律范围内活动，都必须依照宪法法律行使权力或权利、履行职责或义务，都不得有超越宪法法律的特权。”

我们省略几个字后，就可以将其改写为：

“任何组织和个人都必须尊重宪法法律权威，都必须在宪法法律范围内活动，都不得有超越宪法法律的特权。”

（2）如果你不能确定省略一句话中的哪一部分，那么，你可以改写这句话，如将整句话的主谓宾定状补等语法成分的语序作出调整，或者在该句话中再增加几个字。这也同样体现了你的原创性。

还是上面那句话，我们还可以将其调整语序后，改写为：

"任何组织和个人都不得有超越宪法法律的特权，都必须尊重宪法法律权威，在宪法法律范围内活动。"

（四）考生记忆的内容和材料使用的先后问题

就近几年的论述题分析，"材料即答案"的命题趋势非常明显，"用到了材料，阅卷人就会给你材料相应的分数"，这只是现在论述题的最低要求。分析近几年的真题就可以发现，如果不用材料，你甚至很难完成文章的写作。即使考生勉强完成写作，也可能会沦于"假大空"、不着边际的尴尬境地。

为数不少的2018年和2019年的考生，都在宋老师的新浪微博（@理论法宋光明）留言，自己在答第一题时，主要是对材料进行了改写，竟然也通过了考试。和这些考生形成鲜明对比的另外一类考生，他们自以为文章写得很好，脱离材料，按照自己的意思一阵猛写，考完之后，自我感觉非常好，结果却没有通过考试。之所以会产生这种现象，就是因为，材料和采分点涉及的理论部分的内容，有高度重合的趋势。

这个趋势导致"采分点"和"材料"之间的界限也来越模糊，就让考生产生了一个新的困惑："在做题的时候，发现自己记忆的采分点的理论知识和材料相似性很高，但又有不太一样的地方。这时候，在写作的时候，到底是先用自己掌握的理论知识，还是先用材料提供的内容？"

对于这个问题：

首先，"材料即答案"一定是正确的，但是，要注意，宋老师所说的"材料即答案"并不是说命题人给你的现成的材料搬过来就能用，考生务必用习近平法治思想的思维从采分点的角度对材料进行整合后才能使用。就像2022年真题，考生务必围绕采分点"改革重构司法权力配制和运行机制的成就"与"改革重构司法权力配制和运行机制的意义"对材料进行整合后使用。

其次，如果考生确信自己记忆的内容正是采分点的直接内容，那么，说明你的运气实在是太好了，直接将你记忆的内容答上即可。不必担心用不到材料，因为，你储备的理论知识必然和材料中的内容存在着重合之处。

最后，如果你对自己储备的理论知识信心不足，记忆的不准确，那么，写作采分点时，材料中的内容就是第一位的。

同样，考生也不必害怕会答偏，毕竟，“材料即答案”。当然，考生以材料为基础写作采分点时，务必要谨记，你写的内容，一定是围绕采分点对材料进行整合的结果。

（五）“材料即答案”带来的另一个启发

近几年“材料即答案”的命题趋势越来越明显，因此，如果考生在写论述题时，突然发现自己竟然没有使用材料，那必须要高度警惕。因为考生在写作中没有使用材料，不外乎两个原因：其一，采分点有遗漏；其二，考生没有正确理解采分点或者材料的含义。

因为，命题人给定材料，绝不可能是为了浪费大家的时间的，换言之，材料一定是为采分点服务的，材料怎么可能没有用处呢？如果发生这种情况，考生务必重新审题或者审材料，防止采分点的遗漏或者对采分点的错误理解导致跑题。

三、写作采分点的基本技巧

1. “习近平法治思想”中的采分点写作的技巧

“习近平法治思想”中的采分点的写作，最根本的是考生的理解记忆能力。但是，这并不意味着材料就不重要了。毕竟，“材料即答案”，材料要么会提供采分点的具体内容，要么会提供采分点内容的基本线索。因此，“习近平法治思想”中的采分点的写作，也需要考生先审读材料。

2. “习近平法治思想”之外的采分点写作的技巧

对于“习近平法治思想”之外的采分点写作，要想说服阅卷人，让阅卷人觉得你写得很丰满，按照中国人的习惯，展开之后，应当至少有三个层次，即“第一、第二、第三”，或者“首先、其次、最后”。展开论述时，应当遵循由宏观到微观、由大到小、由抽象到具体、由理论到实践的逻辑顺序。体制是最大的安排，所以，体制的安排必须放在第一，所谓体制就是涉及社会主义制度的优势等方面的内容。在我国，党必须领导一切，所以，党的政策必须放在第二。宪法是我国的根本法，在整个法律体系中具有最高的法律效力，所以，宪法的规定放第三。具体的法律制度排第四。实践中的安排则排第五。

但是，很多考生学会这种分层次的写法之后，任何内容都要写成“第一、第二、第三”，这就走向了另一个极端。注意，如果是官方的标准表述，我们没有必要再专门分出“第一、第二、第三”，直接按照官方标准表述写即可。一般在自己写作时，涉及谈理由、意义、内涵、论证时，可以采取分层次的写法。

例如，下述材料主要内容是写为什么全面依法治国离不开党的领导。

全面依法治国离不开党的领导。首先，党的领导是中国特色社会主义制度的最大优势，是实现经济社会持续健康发展的根本政治保证，是做好一切工作的基础和前提。其次，坚持党的领导是全面依法治国沿着正确方向前进的政治保证，是社会主义法治的根本要求，是党和国家的根本所在。最后，我国宪法明确规定了中国共产党的领导地位。依法治国就是依宪治国，坚持党的领导是全面依法治国的题中应有之义。

本部分材料阐述理由，首先是最大的体制上的理由，其次是党的政策上的理由，最后才是宪法上的理由。这种由大及小的安排，既有层次感，又很有说服力。阅卷人当然愿意给你高分。

采分点部分的写作，最高的评价标准是，阅卷人读完你写的内容，可以倒推回问题中的采分点。

第四节　总结的写作

一、总结提炼的注意事项

论述题的“总结提炼”部分作为论述题的结尾，实际上是对你的全文观点的再总结。同时，在总结观点的基础之上，再表达对未来的追求。

二、总结提炼的要求

一篇好的文章应该是首尾呼应，因此，在“总结提炼”部分总结全文观点时，必须要和开篇提出的观点高度吻合，但是，要注意，这里不能只是简单地抄袭论述题“提出观点”部分。考生可以将开篇的观点采取“正话反说、反话正说、颠倒语序、同义置换”等方法进行改写，同时再适度拔高，表达某种展望或呼吁即可。

如2016年卷四第一题，宋老师在“提出观点”部分写的是：

“依宪治国、依宪执政要求法律面前人人平等，任何人都不得拥有超越宪法的特权。在推进严格司法的过程中，必须坚持人人平等，以保障司法公信力，从而更好地维护公民权利。”

在“总结提炼”部分写的是：

“总之，法律面前人人平等是依宪治国、依宪执政的题中应有之义。为加强司法公正，提升司法公信力，我们必须在推进严格司法的过程中大力贯彻法律面前人人平等原则。”

考生务必注意，无论命题人在设计题目时，涉及多少个采分点的关键字，考生的“总结提炼”部分必须单独成段。要言简意赅地用一句话对你的观点进行总结，同时再用一句话对该观点进行适当地拔高，可以采取“呼吁”的写作模式，如“作为一个法律人，我们应当……以……”等。

三、拔高文章立意的技巧

拔高文章立意，最忌讳的就是“假大空”，因此，考生在拔高文章立意时，最好围绕材料本身的内容升华。

如果材料提供的内容不合适，那么，我们在拔高立意时，就以全面依法治国为中介。因为，习近平法治思想的核心就是全面依法治国。首先，比全面依法治国小的采分点为全面依法治国服务，如建设法治队伍为全面依法治国提供人才和组织保障；其次，比全面依法治国更大的采分点，全面依法治国为其提供制度支持和法治保障。如习近平同志多次强调，全面依法治国在“四个全面”中具有基础性、保障性的作用，全面依法治国将为“四个全面”战略布局、“五位一体”总体布局、中华民族伟大复兴等提供有力的法治保障。

考生在拔高文章立意时，务必重视上述两个方面的不同，一定要体现出层次，一层一层拔高，而不是任何内容都直接拔高到“中华民族伟大复兴”。比如，有考生在拔高法治队伍的重要意义时，一上来就是“只有建设一支忠于党、忠于国家、忠于人民、忠于法律的高素质的法治工作队伍，我们才能实现中华民族伟大复兴的中国梦”。这种写法，就给人一种“假大空”的感觉。其实，“建设法治队伍”和“中华民族伟大复兴”之间还有一个过渡和衔接，即“全面依法治国”，三者之间的层次和逻辑关系是这样的，全面依法治国离不开一支高素质的法治队伍，全面依法治国为中华民族伟大复兴提供法治保障。所以，这句话，我们可以这样去写，“建设一支忠于党、忠于国家、忠于人民、忠于法律的高素质的法治工作队伍，为全面依法治国提供组织和人才保障，从而为中华民族伟大复兴提供长期稳定的法治保障”。

总结部分的最高评价标准是，阅卷人读完你写的内容，可以倒推回问题。

第五节　论述题写作的技巧

一、论述题段落的写作

一篇文章600字，分成4到5段，有观点，有采分点，有总结，其实也就是20个左右的句子。观点两句话，总结两句话。剩下16个句子分配在2到3个采分点段落中。每一段也就是5个句子。

那么，每一个采分点段落，大家应当如何写呢？

首先，每一段的第一句话，最好是整个段落的中心句，必须要包含采分点的关键字。

其次，剩余的四句话，应当是对中心句的解释，或者根据情况将最后一句写成承上启下的句子。具体而言，如果中心句是：

“A必须包括A1、A2、A3”。

则接下来依次写A1，然后是A2、A3。最后总结或者承上启下，为下一段的写作做好准备。这样，一段正好是5句话左右。

如下例文：

“全面依法治国必须坚持党的领导，必须坚持党领导立法、保证执法、支持司法、带头守法，把依法治国基本方略和依法执政基本方式统一起来。首先，党领导立法，就是根据党和国家大局、人民群众意愿，党提出立法建议，立法机关制定体现人民根本利益和社会发展的根本要求的法。其次，党保证执法，就是党通过政治领导、思想领导、组织领导和工作领导，监督和促进执法部门严格执法。再次，党支持司法，就是各级党政机关和领导干部要支持法院、检察院依法独立公正行使职权，让人民群众在每一个司法案件中都感受到公平正义。最后，党带头守法，就是各级党政机关和广大党员干部必须率先垂范、带头遵守宪法和法律。”

这段文字的写作，正是标准的总分结构。第一句话是总说，全面依法治国必须坚持党领导立法、保证执法、支持司法、带头守法；第二句分说党领导立法；第三句分说党保证执法；第四句分说党支持司法；第五句分说党带头守法。这种写作，结构严谨，层次分明，逻辑清晰，符合人的阅读习惯，方便阅卷人把握考生的写作重点，怎么会不得高分呢？

但是，考生经过训练，有了写作感觉后，就容易越写越多，这就要求考生必须做到“惜墨如金”，不能随便展开。尤其是现在的考题，“考宏观不考微观”“务虚多于务实”，考生在真正写作时，任何一个点稍微展开，可能就洋洋洒洒六七百字了，而整篇文章的要求也不过是“不少于600字”，因此，考生在A1、A2、A3句子的写作时，点到核心关键即可，不要展开，不要论证，不必过多解释，点到采分点即止。

二、论述题段落之间的衔接

前文详细讲解了观点、理论、材料、总结等各个部分的写作技巧，但是，一篇文章要想获得高分，还必须要注重各个部分之间的衔接，以让阅卷人意识到，这是一篇文章，而不是各个采分点单独成段后的简单堆砌。

那么，如何加强各个部分之间的衔接呢？这就要求我们必须做好所谓“承上启下”的功夫。

“承上”是将衔接的任务放在下一段的第一句。比如下述材料：

“全面依法治国是中国特色社会主义的本质要求和重要保障，要求建设中国特色社会主义法治体系，建设社会主义法治国家。这就是，在中国共产党领导下，坚持中国特色社会主义制度，贯彻中国特色社会主义法治理论。坚持依法治国、依法执政、依法行政共同推进，坚持法治国家、法治政府、法治社会一体建设，实现科学立法、严格执法、公正司法、全民守法，促进国家治理体系和治理能力现代化。

全面依法治国离不开党的领导。首先，党的领导是中国特色社会主义制度的最大优势，是实现经济社会持续健康发展的根本政治保证，是做好一切工作的基础和前提。其次，坚持党的领导是全面依法治国沿着正确方向前进的政治保证，是社会主义法治的根本要求，是党和国家的根本所在。最后，我国宪法明确规定了中国共产党的领导地位。依法治国就是依宪治国，坚持党的领导是全面依法治国的题中应有之义。”

本部分材料，第一段是从建设法治国家的角度阐述全面依法治国；第二段的主要内容则是在全面依法治国进程中为什么必须坚持党的领导。第二段的第一句话“全面依法治国离不开党的领导”，就起到了我们所说的“承上”的作用。

而“启下”，则是将衔接的任务放在上一段的最后一句。比如下述材料：

“全面依法治国要求建设中国特色社会主义法治体系，建设社会主义法治国家。在中国共产党领导下，坚持中国特色社会主义制度，贯彻中国特色社会主义法治理论，形成完备的法律规范体系、高效的法治实施体系、严密的法治监督体系、有力的法治保障体系，形成完善的党内法规体系。全面依法治国的总抓手就是建设社会主义法治体系。要充分发挥全面依法治国的基础性、保障性作用，就必须要加快建设中国特色社会主义法治体系。

加快建设中国特色社会主义法治体系，就要加快形成完备的法律规范体系、高效的法治实施体系、严密的法治监督体系、有力的法治保障体系，形成完善的党内法规体系。第一，要加快形成完备的法律规范体系。坚持立法先行，推进科学立法、民主立法、依法立法，完善立法体制机制。第二，要加快形成高效的法治实施体系。加快建设执法、司法、守法等方面的体制机制，确保法律的全面有效实施。第三，要加快形成严密的法治监督体系。加大监督力度，努力形成科学有效的权力运行制约和监督体系，增强监督合力和实效。第四，要加快形成有力的法治保障体系。要加强和改进党对全面依法治国的领导，为全面依法治国提供有力的政治和组织保障。要建设社会主义法治工作队伍，为全面依法治国提供强有力的人才保障。要改革和完善相关体制机制，为全面依法治国提供完备的制度保障。第五，要加快形成完善的党内法规体系。要坚持依法治国和依规治党有机统一，完善党内法规制定体制机制，提高党内法规执行力。”

本部分材料，第一段是从建设法治体系的角度阐述全面依法治国；第二段的主要内容则是如何建设中国特色社会主义法治体系。第一段的最后一句话“要充分发挥全面依法治国的基础性、保障性作用，就必须要加快建设中国特色社会主义法治体系”，就起到了我们所说的“启下”的作用。

那么，我们如何写好衔接句呢？关键还是在采分点的关键字。衔接句中必须同时包含上一段采分点的关键字和下一段采分点的关键字，当然，更重要的是说清楚二者的关系。

比如前文所举“承上”的句子“全面依法治国离不开党的领导”，既包含有采分点的关键字“全面依法治国”“党的领导”，同时又说清楚了两者的关系，即全面依法治国离不开党的领导。

再如，前文所举“启下”的句子“要充分发挥全面依法治国的基础性、保障性作用，就必须要加快建设中国特色社会主义法治体系”，同样既包含着采分点的关键字“全面依法治国”“建设中国特色社会主义法治体系”，又说清楚了两者之间的关系，即要发挥全面依法治国的作用，就必须加快建设中国特色社会主义法治体系。

总之，学会“承上启下”，做好文章段落的衔接，那么，在其他方面都差不多的条件下，你的分数一定会比别人的更高。

总体上，一篇论述题的最高评价标准就是，阅卷人读完你写的内容，能够倒推回问题本身。

三、论述题写作的其他注意事项

1. 论述题的写作，形式大于内容。所以，一定要牢记：

写作每一个采分点，每一段的第一句话必须包括采分点。一篇好的论述题应当是这样的基本结构：

观点段的写作：“A 很重要。B 是 A 的题中应有之义。”

A 采分点的写作：“A 要求 A1、A2、A3。首先，A1。其次，A2。最后，A3。A 的实现离不开 B 的支持。”

B 采分点的写作：“B 要求 B1、B2、B3。首先，B1。其次，B2。最后，B3。”

总结段的写作：“总之，我们必须在 B 的基础上实现 A，进而为推进国家治理体系和治理能力现代化提供制度基础。”

2. 写作一定要用上材料，毕竟，材料一定是为采分点服务的。

3. 写作一定要用上习近平法治思想的知识，毕竟，考查的就是习近平法治思想。

4. 问什么，答什么。绝不自作主张，擅自加戏。

5. 写作，能用习近平法治思想的知识就不自己编，能用材料的内容就不自己写，能用问题中的句子就不自己造。

6. 谈意义、谈理解、谈认识、谈怎么办、论证某个观点，至少写三个方面。

7. 要学会使用：首先、其次、再次、最后。但是，考生务必注意，要在每一段的段内使用“首先”“其次”“再次”，绝不能用“首先”开头，引出一段，“其次”开头，引出下一段，“再次”开头，再写下一段。

8. 写作时，必须保持客观，不能出现“你、我、他”，或者“笔者”这种字样，但可以使用“我们”。例外就是，如果像 2018 年真题，涉及“结合自身的学习和工作实际”这种采分点，可以使用“我”。

9. 不能使用“之乎者也”这类语气词。

第六节　有机统一的写法

辩证唯物主义的核心规律就是有机统一规律。因此，在马克思主义法学中，充满着各种有机统一。而就历年论述题分析，有机统一是考查最多的知识点。如 2009 年、2010 年考查合法性、合理性的有机统一；2011 年考查法律效果和社会效果的有机统一；2012 年考查公正和效率的有机统一、法理和情理的有机统一；2013 年考查调解和判决的有机统一；2017 年考查依法治国和以德治国的有机统一；2018 年涉及党的领导、人民当家作主、依法治国的有机统一。总之，有机统一是命题者最喜欢考查的知识点。

考生务必牢记，只要在问题中让你回答 A、B 之间的关系，或者 A、B、C 之间的关系，那么，从有机统一的角度回答该问题，一定是高分。同时，考生在寻找各个采分点之间的关系时，应当尽量往有机统一的方向靠。

但是，很多考生在学会有机统一的方法后，往往会陷入“庸俗的有机统一”，即在找各个采分点之间的关系时，一上来就是有机统一，如论述题的问题是“根据以上材料，结合 A 谈 B”，他们直接就写“A 和 B 有机统一”。这种写法是非常错误的。考生务必牢记，只有在以下两种情形中才能从有机统一的角度答题。

第一，马克思主义法学明确提出的各种有机统一，如党的领导、人民当家作主、依法治国的有机统一，依法治国和以德治国的有机统一，党和法的有机统一等。

第二，问题中让你回答 A、B 之间的关系，或者 A、B、C 之间的关系，那么，从有机统一的角度回答该问题，一定是高分。如 2017 年主观题“结合自己对中华法文化天理、国法、人情的理解”，这里的“天理、国法、人情”的关系是有机统一。

除“习近平法治思想”中的各种有机统一之外，论述题中考查可能用到的各种有机统一如下：

1. 合法性与合理性的有机统一

合法性是前提，不能违法是底线，在合法性的基础上尽量追求合理性，达到合法性与合理性的有机统一。

2. 法律效果与社会效果的有机统一

（1）法律效果是人民法院严格依法对各类案件进行审判，正确适用法律对争议案件进行评价，处理所达到的后果。法律效果侧重于法律条文的准确适用，强调司法结果在形式上的正义。

（2）社会效果是社会各界和人民群众对人民法院裁判的

评价和认可的程度。社会效果侧重于法律价值的实现，强调司法结果在实体上的正义，要符合社会的主流价值和整体利益，从而获得公众的认可和尊重。

（3）法律效果和社会效果的统一，意味着审判既符合法律规定，又能为社会大众所接受。

3. 法理和情理的有机统一

不能为了片面追求法理，而忽视情理。也不能为了片面追求情理，而违背了法理。必须在满足法理的前提下尽量追求情理，达到二者的最佳结合。

4. 公正和效率的有机统一

在处理公平与效率的关系时，首先，实现公平正义，必须同时兼顾公正与效率。其次，既不能为片面追求效率而损伤实质公正；又必须看到，公平正义的实现，离不开法治活动效率的不断提高。

5. 程序公正和实体公正的有机统一

（1）程序公正要求当事人平等地参与、严格遵循法定程序及法官的居中裁判等，从而保证当事人受到公平对待。程序公正关注的重点是形式正义。

（2）实体公正是我国司法制度和法律职业道德的基本准则，主要指努力发现案件事实真相和正确适用实体法律。实体公正要求的是实体上的结果公正。

（3）一方面，我们不能只追求程序公正，而忽略了实体公正；另一方面，也不能为了追求实体公正，而违背程序公正。我们必须在程序公正的基础上尽量追求实体公正，达到程序公正和实体公正的有机统一。

6. 有机统一的写作框架是考生必须掌握的写作技巧

有机统一的基本句式结构如下：

A 与 B 要有机统一。首先，我们不能只要 A，不要 B；其次，我们也不能只要 B 不要 A。总之，我们必须 A 的基础上尽量追求 B，以达到二者的最佳结合。

7. 党的领导、人民当家作主、依法治国的有机统一

党的领导是人民当家作主和依法治国的根本保证。人民当家作主是社会主义民主政治的本质特征。依法治国是党领导人民治理国家的基本方式。只有在党的领导下依法治国，

人民当家作主才能充分实现，国家和社会生活法治化才能有序推进。

考生注意：第一，凡是宏大的问题，回答内涵或者怎么办，不知道怎么答，就答三者有机统一。第二，凡是问题要求谈谈“A与B之间的关系”或者“对A、B、C的理解和认识”，就可以用有机统一的原理答题。

第七节　画龙点睛的法律名言警句

一篇论述题，恰到好处地引用一些中外关于法律的名言警句，能够起到画龙点睛的作用，会令阅卷人眼前一亮，给出更高的分数。宋老师在2017年出过一道模拟题，主题是谈法治队伍的建设，一位考生的文章，在结尾时引用了“徒法不足以自行”来论证法治工作队伍建设的重要性，这个引用就让宋老师眼前一亮，顿时就愿意再给该文增加两分。

“名言警句”分为中西两部分，“西方篇”均为现代汉语，故宋老师并未进行进一步的分类。考虑到考生的古文功底不一，宋老师对“中国篇”部分做了简单的分类，以方便考生准确引用。

名言警句的使用，注意以下三点：第一，最好在观点段或者总结段使用；第二，用名言警句的效果要好于不用名言警句；第三，用中国的名言警句的效果要好于用西方的名言警句。

一、中国篇

（一）论法的重要作用

1. 法者，治之端也。

2. 法者，所以兴功惧暴也；律者，所以定分止争也；令者，所以令人知事也。

3. 国无常强，无常弱。奉法者强则国强，奉法者弱则国弱。

4. 以法为凭，循法而行，持法为刃，以法筑堤。

5. 法律是治国之重器，良法是善治之前提。

6. 公正是法治的生命线。

（二）论法律的品质

1. 法不阿贵，绳不挠曲。

2. 无不平之法，无法外之人，无法上之权，法律面前人人平等。

（三）立法的重要性

1. 立法为治国之要务，理政之圭臬。

2. 小智治事，中智治人，大智立法。

3. 立善法于天下，则天下治；立善法于一国，则一国治。

（四）法律实施的重要性

1. 君臣上下贵贱皆从法，此谓为大治。

2. 法立于上则俗成于下。

3. 法令行则国治，法令弛则国乱。

4. 天下之事，不难于立法，而难于法之必行。

5. 法律的生命在于实施，法律的权威也在于实施。

（五）官员守法的重要性

1. 法之不行，自上犯之。

2. 其身正，不令而行；其身不正，虽令不从。

3. 吏不良，则有法而莫守；法不善，则有财而莫理。

二、西方篇

1. 法律需要被信仰，否则它形同虚设。——哈罗德·J·伯尔曼

2. 在民主的国家里，法律就是国王；在专制的国家里，国王就是法律。——马克思

3. 法律不能使人人平等，但是在法律面前人人是平等的。——波洛克

4. 服从法律：无论是我或任何人都不能摆脱法律的光荣的束缚。——卢梭

5. 一次不公的裁判比多次不平的举动为祸尤烈。因为这些不平的举动不过弄脏了水流，而不公的裁判则把水源败坏了。——培根

6. 刑罚可以防止一般邪恶的许多后果，但是刑罚不能铲除邪恶本身。——孟德斯鸠

7. 只要法律不再有力量，一切合法的东西也都不会再有

力量。——卢梭

8. 公正不是德行的一个部分，而是整个德行；相反，不公正也不是邪恶的一个部分，而是整个邪恶。——亚里士多德

9. 法官是法律世界的国王，除了法律就没有别的上司。——马克思

10. 人与人是不相同的，人们不能将法律面前人人平等理解成平等就是一视同仁、人人相等。——路德维希·冯·米瑟斯

11. 正义不仅应当得到实现，而且应以人们能够看得见的方式加以实现。——佚名

12. 一切法律的总目标一般是或应该是增加社会幸福。——边沁

13. 法律如果推不开特权的门，也一定跨不进人民的心。——佚名

14. 法律可以揭露罪恶，却不能消除罪恶。——弥尔顿

15. 法律和制度必须跟上人类思想进步。——杰弗逊

16. 世界上唯有两样东西能让我们的内心受到深深的震撼，一是我们头顶上灿烂的星空，一是我们内心崇高的道德法则。——康德

17. 迟来的正义即非正义。——佚名

18. 任何人均不得因其不法行为而获益。——佚名

第二编 习近平法治思想与时政论述题

习近平法治思想的定位

近几年“考宏观不考微观”“务虚不务实”“材料即答案”的命题思路决定了，考生对“习近平法治思想”的学习，必须做到：

第一，记住习近平法治思想中的重点知识。

第二，掌握习近平法治思想的框架结构。

第三，熟悉习近平法治思想的基本思维。

第四，清楚习近平法治思想的定位。

2020 年 11 月 16 日至 17 日召开的中央全面依法治国工作会议，明确习近平法治思想在全面依法治国工作中的指导地位，是全面贯彻习近平新时代中国特色社会主义思想，加快建设中国特色社会主义法治体系、建设社会主义法治国家的必然要求。

这意味着，对习近平法治思想的考查，不会存在超纲问题。即使考试中出现了“习近平法治思想”之外的采分点，也并不意味着超纲，因为材料会提供答案。

考生尤其要注意 2022 年全国统考真题带来的命题趋势，考查我国政法领域最新政策和动态。这个命题趋势要求考生要关注中国长安网、最高人民法院官网、最高人民检察院官网、司法部官网发布的政法领域的最新政策和动态，并能够运用“习近平法治思想”的基本思维和原理分析、总结上述最新政策和动态。

习近平法治思想的思维导图

- 习近平法治思想
  - 习近平法治思想的形成发展及重大意义
    - 习近平法治思想的形成发展
    - 习近平法治思想的重大意义
  - 习近平法治思想的核心要义
    - 坚持党对全面依法治国的领导
    - 坚持以人民为中心
    - 坚持中国特色社会主义法治道路
    - 坚持依宪治国、依宪执政
    - 坚持在法治轨道上推进国家治理体系和治理能力现代化
    - 坚持建设中国特色社会主义法治体系
    - 坚持依法治国、依法执政、依法行政共同推进，法治国家、法治政府、法治社会一体建设
    - 坚持全面推进科学立法、严格执法、公正司法、全民守法
    - 坚持统筹推进国内法治和涉外法治
    - 坚持建设德才兼备的高素质法治工作队伍
    - 坚持抓住领导干部这个“关键少数”
  - 习近平法治思想的实践要求
    - 充分发挥法治对经济社会发展的保障作用
    - 正确认识和处理全面依法治国一系列重大关系

第一章　习近平法治思想的形成发展及重大意义

第一节　习近平法治思想的形成发展

一、习近平法治思想形成的时代背景

2020年11月16日至17日召开的中央全面依法治国工作会议，明确习近平法治思想在全面依法治国工作中的指导地位，是全面贯彻习近平新时代中国特色社会主义思想，加快建设中国特色社会主义法治体系、建设社会主义法治国家的必然要求。

习近平法治思想深刻回答了新时代为什么要实行全面依法治国、怎样实行全面依法治国等一系列重大问题，为深入推进全面依法治国、加快建设社会主义法治国家，运用制度威力应对风险挑战，实现党和国家长治久安，全面建设社会主义现代化国家、实现中华民族伟大复兴的中国梦，提供了科学指南。

二、习近平法治思想形成发展的历史进程

1. 党的十八大以来，习近平总书记高度重视法治建设，亲自谋划、亲自部署、亲自推动全面依法治国。

2. 党的十八届四中全会专门研究全面依法治国，出台了关于全面推进依法治国若干重大问题的决定。

3. 党的十九大提出到2035年基本建成法治国家、法治政府、法治社会。

4. 党的十九届二中全会专题研究宪法修改，推动宪法与时俱进、完善发展。

5. 党的十九届三中全会决定成立中央全面依法治国委员会，加强党对全面依法治国的集中统一领导。

6. 党的十九届四中全会从推进国家治理体系和治理能力现代化的角度，对坚持和完善中国特色社会主义法治体系，提高党依法治国、依法执政能力作出部署。

7. 党的十九届五中全会对立足新发展阶段、贯彻新发展理念、构建新发展格局的法治建设工作提出新要求。

8. 习近平总书记在领导全党全国各族人民深化依法治国的伟大实践中，创造性地提出了关于全面依法治国的一系列新理念新思想新战略，形成了内涵丰富、论述深刻、逻辑严密、系统完备的思想体系，为建设法治中国指明了前进方向。

考点、习近平法治思想形成发展的逻辑

习近平法治思想是习近平新时代中国特色社会主义思想的重要组成部分。

第一，从历史逻辑来看：习近平法治思想凝聚着党在法治建设长期探索中形成的智慧结晶，开辟了中国特色社会主义法治理论和实践的新境界。

第二，从理论逻辑来看：习近平法治思想坚持马克思主义法治理论的基本立场，继承党关于法治建设的重要理论，传承中华优秀传统法律文化，系统总结新时代法治实践经验，是马克思主义法治理论中国化的新发展。

第三，从实践逻辑来看：习近平法治思想是从统筹中华民族伟大复兴战略全局和世界百年未有之大变局，在推进伟大斗争、伟大工程、伟大事业、伟大梦想的实践之中完善形成，并随着实践而进一步丰富。

考点、习近平法治思想的鲜明特色

习近平法治思想用“十一个坚持”对全面依法治国进行阐释、部署，都是涉及理论和实践的重大问题，具有鲜明特色：

第一，原创性：习近平法治思想在理论上不断拓展新视野、提出新命题，为发展马克思主义法治理论作出重大原创

性贡献。

第二，系统性：习近平法治思想强调全面依法治国是一个系统工程，科学指出当前和今后一个时期推进全面依法治国十一个重要方面的要求，构成系统完备的科学思想体系。

第三，时代性：习近平法治思想立足中国特色社会主义进入新时代的历史方位，科学回答了新时代我国法治建设走什么路、实现什么目标等根本性问题，开启了法治中国新篇章。

第四，人民性：习近平法治思想强调法治建设为了人民、依靠人民、造福人民、保护人民，要不断增强人民群众获得感。

第五，实践性：习近平法治思想以破解法治实践难题为着力点，作出一系列重大决策部署，使得社会主义法治国家建设取得历史性成就。

第二节　习近平法治思想的重大意义

考点、习近平法治思想的重大意义

第一，习近平法治思想是马克思主义法治理论同中国法治建设具体实际相结合、同中华优秀传统法律文化相结合的最新成果。（2023 年调整）

第二，习近平法治思想赋予中国特色社会主义法治建设事业以新的时代内涵，是对党领导法治建设丰富实践和宝贵经验的科学总结。

第三，习近平法治思想贯穿经济、政治、文化、社会、生态文明建设的各个领域，是在法治轨道上全面建设社会主义现代化国家的根本遵循。（2023 年调整）

第四，习近平法治思想提出了当前和今后一个时期全面依法治国的目标任务，是引领法治中国建设实现高质量发展的思想旗帜。

考点、习近平法治思想[1]

习近平法治思想深刻回答了新时代为什么全面依法治国、怎样全面依法治国等一系列重大问题，为深入推进全面依法治国，加快建设社会主义法治国家提供了科学指南。习近平法治思想的核心要义是“十一个坚持”，具有以下重大意义：

第一，习近平法治思想是马克思主义法治理论同中国法治建设具体实际相结合、同中华优秀传统法律文化相结合的最新成果。

第二，习近平法治思想赋予中国特色社会主义法治建设事业以新的时代内涵，是对党领导法治建设丰富实践和宝贵经验的科学总结。

第三，习近平法治思想贯穿经济、政治、文化、社会、生态文明建设的各个领域，是在法治轨道上全面建设社会主义现代化国家的根本遵循。

第四，习近平法治思想提出了当前和今后一个时期全面依法治国的目标任务，是引领法治中国建设实现高质量发展的思想旗帜。

光明点睛

1. 习近平法治思想作为系统完备的科学理论体系，是深入推进全面依法治国，加快建设社会主义法治国家的科学指南。因此，我国法治领域的任何问题的解决，都必须以习近平法治思想为指导。考生在做题时，要注意理解习近平法治思想和其他采分点的关系，一定是习近平法治思想指导其他采分点，其他采分点必须要贯彻落实习近平法治思想。

2. “习近平法治思想形成和发展的逻辑”“习近平法治思想的鲜明特色”“习近平法治思想的重大意义”，这三个知识点的作用是帮助我们深刻领会习近平法治思想的基本精神，更好领会习近平法治思想的核心要义，从而能够更好以习近平法治思想指导其他采分点。

---

〔1〕 2022 年全国统考真题、2021 年黑龙江延考真题在问题中都出现了“结合习近平法治思想”的提法。对于采分点“习近平法治思想”，考生可以按照本点写。

全面依法治国

“全面依法治国”概念有一个变迁过程，中共中央不同时期的政策文件的提法不太一致。2014年，中共中央十八届四中全会通过《中共中央关于全面推进依法治国若干重大问题的决定》中使用的是“全面推进依法治国”。随着全面依法治国进程的加快，中央有关文件又出现了“推进全面依法治国”的提法，然后又出现了“全面依法治国”的提法。而就近几年的真题分析来看，命题人在命题时选择的材料往往来源于中央不同时期的文件，我们知道，中央的标准提法，在论述题的写作中是绝对不允许随意改变的。这就让考生产生了一定困惑，论述题写作时，到底该用哪一个提法呢？

宋老师在这里提醒大家，到底使用哪一种提法，第一，取决于论述题的问题和材料中的提法，大家和问题与材料中的提法保持一致即可。第二，如果问题和材料中各种提法都有，或者未涉及“全面依法治国”概念，那么，大家在写作时，统一用中央最新的提法，即“全面依法治国”。第三，即使考生对“全面依法治国”使用了中央不同时期的提法，一般情况下，并不会影响考生的分数。

宋老师在本书中默认的提法就是中央的最新提法“全面依法治国”。

全面依法治国的总目标

全面依法治国的总目标是建设中国特色社会主义法治体系，建设社会主义法治国家。

这就是，在中国共产党领导下，坚持中国特色社会主义制度，贯彻中国特色社会主义法治理论，形成完备的法律规范体系、高效的法治实施体系、严密的法治监督体系、有力的法治保障体系，形成完善的党内法规体系，坚持依法治国、依法执政、依法行政共同推进，坚持法治国家、法治政府、法治社会一体建设，实现科学立法、严格执法、公正司法、全民守法，促进国家治理体系和治理能力现代化。

全面依法治国的总目标是我们回答全面依法治国的必备内容。但考生在答题时，务必注意：除非明确要求你答出总目标的基本内容，否则，没有必要答出上述全部内容，而应当根据材料和问题的要求，答出其中的一部分或者涉及部分内容即可。具体而言，

如果问题和法治体系有关，那么，在回答全面依法治国的概念时，可以这样回答：

“全面依法治国要求建设中国特色社会主义法治体系，建设社会主义法治国家。这就是，在中国共产党领导下，坚持中国特色社会主义制度，贯彻中国特色社会主义法治理论，形成完备的法律规范体系、高效的法治实施体系、严密的法治监督体系、有力的法治保障体系，形成完善的党内法规体系。”

如果问题和法治国家有关，那么，在回答全面依法治国的概念时，可以这样回答：

“全面推依法治国要求建设中国特色社会主义法治体系，建设社会主义法治国家。这就是，在中国共产党领导下，坚持中国特色社会主义制度，贯彻中国特色社会主义法治理论，坚持依法治国、依法执政、依法行政共同推进，坚持法治国家、法治政府、法治社会一体建设，实现科学立法、严格执法、公正司法、全民守法，促进国家治理体系和治理能力现代化。”

如果考生把握不住问题究竟与法治体系有关，还是与法治国家有关，也可以把两部分都答上。

全面依法治国的重要意义

全面依法治国的重要意义可以在回答全面依法治国的概念时使用，或者在结尾部分拔高使用。其重要意义如下：

1. 全面依法治国是一项长期而重大的历史任务，也是一场深刻的社会变革。

2. 全面依法治国是坚持和发展中国特色社会主义的本质要求和重要保障。

3. 在“四个全面”中，全面依法治国具有基础性、保障性作用，能为全面建设社会主义国家、全面深化改革、全面

从严治党提供长期稳定的法治保障。

4. 无论是实现“两个一百年”奋斗目标，还是实现中华民族伟大复兴的中国梦，全面依法治国既是重要内容，又是重要保障。必须更好发挥法治固根本、稳预期、利长远的保障作用。

法治中国建设的总体目标

建设法治中国，应当实现法律规范科学完备统一，执法司法公正高效权威，权力运行受到有效制约监督，人民合法权益得到充分尊重保障，法治信仰普遍确立，法治国家、法治政府、法治社会全面建成。

到2025年，党领导全面依法治国体制机制更加健全，以宪法为核心的中国特色社会主义法治体系更加完备，职责明确、依法行政的政府治理体系日益健全，相互配合、相互制约的司法权运行机制更加科学有效，法治社会建设取得重大进展，党内法规体系更加完善，中国特色社会主义法治体系初步形成。

到2035年，法治国家、法治政府、法治社会基本建成，中国特色社会主义法治体系基本形成，人民平等参与、平等发展权利得到充分保障，国家治理体系和治理能力现代化基本实现。

第二章　习近平法治思想的核心要义

第一节　坚持党对全面依法治国的领导

考点、坚持党对全面依法治国的领导[1]

一、为什么？

第一，党的领导是中国特色社会主义法治之魂。中国共产党是中国特色社会主义事业的领导核心。坚持党对全面依法治国的领导，是全面依法治国的题中应有之义。

第二，党的领导是中国特色社会主义最本质的特征，是社会主义法治最根本的保证。全面依法治国，只有在党的领导下才能有目的、有步骤、有秩序地进行。

第三，全面依法治国是要加强和改善党的领导。加强和改善党对全面依法治国的领导，是由全面依法治国的性质和任务决定的。只有发挥党总揽全局、协调各方的领导核心作用，才能实现全面依法治国的总目标。

二、怎么办？

第一，坚持党的领导、人民当家作主、依法治国有机统一。坚持党的领导、人民当家作主、依法治国有机统一，最

---

〔1〕注意“十一个坚持”中的每一个坚持的考法，如果问题是“结合坚持党对全面依法治国的领导”，或者“谈谈你对坚持党对全面依法治国的领导的理解”，那么，涉及两个采分点，“为什么坚持党对全面依法治国的领导”“如何坚持党对全面依法治国的领导”，分别写成两段。如果问题是“谈谈为什么坚持党对全面依法治国的领导”或者“如何坚持党对全面依法治国的领导”，那么，就涉及一个采分点“为什么坚持党对全面依法治国的领导”或者“如何坚持党对全面依法治国的领导”，根据问题单独回答该采分点即可。

根本的是坚持党的领导。人民代表大会制度是坚持党的领导、人民当家作主、依法治国有机统一的根本制度安排，必须充分发挥人民代表大会制度的作用，实现国家各项工作法治化。

第二，坚持党领导立法、保证执法、支持司法、带头守法。把党的领导贯彻落实到全面依法治国全过程和各方面，必须坚持党领导立法、保证执法、支持司法、带头守法，把依法治国基本方略同依法执政基本方式统一起来。

第三，健全党领导全面依法治国的制度和工作机制。加强党对全面依法治国的领导，必须健全党领导全面依法治国的制度和工作机制，完善党制定全面依法治国方针政策的工作机制，加强党对全面依法治国的集中统一领导，统筹推进全面依法治国。

扩展阅读

中国式现代化

中国式现代化，是中国共产党领导的社会主义现代化，既有各国现代化的共同特征，更有基于自己国情的中国特色。中国式现代化是人口规模巨大的现代化，是全体人民共同富裕的现代化，是物质文明和精神文明相协调的现代化，是人与自然和谐共生的现代化，是走和平发展道路的现代化。中国式现代化的本质要求是：坚持中国共产党领导，坚持中国特色社会主义，实现高质量发展，发展全过程人民民主，丰富人民精神世界，实现全体人民共同富裕，促进人与自然和谐共生，推动构建人类命运共同体，创造人类文明新形态。

在法治轨道上推进中国式现代化，要做到：

第一，立法。加强重点领域、新兴领域、涉外领域立法。

第二，执法。加大关系群众切身利益的重点领域执法力度。

第三，司法。努力让人民群众在每一个司法案件中感受到公平正义。

第四，守法。建设覆盖城乡的现代公共法律服务体系；深入开展法治宣传教育，增强全民法治观念；发挥领导干部示范带头作用，努力使尊法、学法、守法、用法在全社会蔚然成风。

第二节　坚持以人民为中心

考点、坚持以人民为中心

一、为什么？

以人民为中心是中国特色社会主义法治的根本立场。

第一，人民群众是党的力量源泉，人民立场是党的根本政治立场。坚持以人民为中心，深刻回答了推进全面依法治国，建设社会主义法治国家为了谁、依靠谁的问题。

第二，全面依法治国最广泛、最深厚的基础是人民，推进全面依法治国的根本目的是依法保障人民权益。

第三，我国社会主义制度保证了人民当家作主的主体地位，也保证了人民在全面推进依法治国中的主体地位。

第四，始终代表最广大人民根本利益，是我国国家制度和国家治理体系的本质属性和有效运行的根本所在。

二、怎么办？

第一，坚持人民主体地位。必须把以人民为中心的发展思想融入到全面依法治国的实践中，要保证人民依法享有广泛的权利、承担应尽的义务，使全体人民都成为法治的坚定捍卫者。要用法治保障人民当家作主，保证人民在党的领导下依法管理国家事务。

第二，牢牢把握社会公平正义这一法治价值追求。全面依法治国必须紧紧围绕社会公平正义，把公平正义贯穿到立法、执法、司法、守法的全过程，努力让人民群众感受到公平正义。

第三，推进全面依法治国的根本目的是依法保障人民权益。必须始终把人民作为一切工作的中心，用法治维护最广大人民的根本利益，保障人民群众对美好生活的向往和追求。

人民代表大会制度

人民代表大会制度是指拥有国家权力的人民根据民主集中制原则，通过民主选举组成全国人民代表大会和地方各级人民代表大会，并以人民代表大会为基础，建立全部国家机构，对人民负责，受人民监督，以实现人民当家作主的政治制度。因此，人民代表大会制度是我国实现社会主义民主的基本形式。在各种实现社会主义民主的形式中，人民代表大会制度居于最重要的地位。

人民代表大会制度是我国的根本政治制度，基本内容如下：

1. 人民代表大会制度体现了人民主权原则。人民代表大会制度以主权在民为逻辑起点，而人民主权构成了人民代表大会制度最核心的基本原则。

2. 人民代表大会制度是人民掌握和行使国家权力的组织形式与制度。全国人民代表大会和地方各级人民代表大会是人民掌握和行使国家权力的组织形式。

3. 全国人民代表大会和地方各级人民代表大会都由民主选举产生，对人民负责，受人民监督。选民或者选举单位有权依法罢免自己选出的代表。

4. 各级人大是国家权力机关，其他国家机关都由人大选举产生，对其负责，受其监督。全国人大是最高国家权力机关，地方各级人大属于地方国家权力机关。各级人民代表大会上下级之间是监督关系，上级人大有权依照法律规定指导、监督下级人大的工作。

第三节　坚持中国特色社会主义法治道路

考点、坚持中国特色社会主义法治道路

一、为什么？

中国特色社会主义法治道路是建设中国特色社会主义法

治体系、建设社会主义法治国家的唯一正确道路（2023 年调整）。

第一，中国特色社会主义法治道路，是社会主义法治建设成就和经验的集中体现，是建设社会主义法治国家的唯一正确道路。

第二，中国特色社会主义法治道路是最适合中国国情的法治道路，是被历史和现实充分证明了的符合我国基本国情的法治道路，具有显著优越性。

二、中国特色社会主义法治道路的核心要义

中国特色社会主义法治道路的核心要义就是要坚持党的领导，坚持中国特色社会主义制度，贯彻中国特色社会主义法治理论。

第一，坚定不移走中国特色社会主义法治道路，最根本的是坚持中国共产党的领导。必须始终坚持党总揽全局、协调各方的领导核心地位不动摇，坚持党领导立法、保证执法、支持司法、带头守法。

第二，中国特色社会主义制度是中国特色社会主义法治体系的根本制度基础，是全面推进依法治国的根本制度保障。要坚持中国特色社会主义法治道路，不断巩固和完善中国特色社会主义制度，以法治为中国特色社会主义制度保驾护航。

第三，中国特色社会主义法治理论是中国特色社会主义法治体系的理论指导和学理支撑。习近平法治思想是新时代推进全面依法治国的科学指南和根本遵循。要深入学习贯彻习近平法治思想，不断开创法治中国建设的新局面。

第四节　坚持依宪治国、依宪执政

考点、坚持依宪治国、依宪执政

一、为什么？

坚持依宪治国、依宪执政至关重要。

第一，宪法是治国理政的总章程，是党和人民意志的集

中体现，具有最高的法律效力。依宪治国、依宪执政是建设社会主义法治国家的首要任务。

第二，坚持依法治国首先要坚持依宪治国，坚持依法执政首先要坚持依宪执政，这是宪法的地位和作用决定的。坚持依宪治国科学回答了宪法如何更好促进全面建设社会主义现代化国家的关键性问题。坚持依宪执政体现了党对执政规律和执政方式的科学把握。

第三，坚持依宪治国、依宪执政，体现了党的领导、人民当家作主、依法治国有机统一，对于推进国家治理体系和治理能力现代化、保证党和国家长治久安具有重大意义。

二、怎么办?

坚持依宪治国强调在全面依法治国过程中依据宪法推进依法治理。坚持依宪执政要求党依据宪法法律治国理政，依据党内法规管党治党，党要带头遵守宪法法律。新时代坚持依宪治国、依宪执政，必须做到:

第一，全面贯彻实施宪法。必须更加坚定维护宪法尊严和权威，把全面贯彻实施宪法作为首要任务，将宪法实施和监督提高到新水平。

第二，推进合宪性审查工作。要健全保障宪法全面实施的体制机制，加强宪法实施和监督，落实宪法解释程序机制，积极稳妥推进合宪性审查。

第三，深入开展宪法宣传教育。要广泛开展宪法宣传教育，在全社会形成尊法、学法、守法、用法的良好氛围。要抓住领导干部这个“关键少数”，推动领导干部做尊法学法守法用法的模范。

第五节 坚持在法治轨道上推进国家治理体系和治理能力现代化

考点、坚持在法治轨道上推进国家治理体系和治理能力现代化

一、为什么?

第一，全面推进依法治国是一个系统工程，是国家治理

领域一场广泛而深刻的革命。

第二，法治是国家治理体系和治理能力的重要依托。

二、怎么办?

更好发挥法治固根本、稳预期、利长远的保障作用，在法治轨道上推进国家治理能力现代化，必须做到：

第一，要提高党依法治国、依法执政能力，推进党的领导制度化。

第二，要用法治保障人民当家作主。

第三，要健全完善中国特色社会主义法治体系。

第四，要坚持依法治国、依法执政、依法行政共同推进，坚持法治国家、法治政府、法治社会一体建设。

第五，要更好发挥法治对改革发展稳定的引领、规范、保障作用。

考点、坚持依法治军、从严治军

一、为什么?

一个现代化国家必然是法治国家，一支现代化军队必然是法治军队。依法治军、从严治军，是我们党建军治军的基本方略。深入推进依法治军、从严治军，是全面依法治国总体部署的重要组成部分，是实现强军目标的必然要求。

二、怎么办?

贯彻依法治军战略是系统工程，要统筹全局、突出重点，以重点突破带动整体推进。

第一，要坚持党对军队的绝对领导。

第二，要坚持构建完善中国特色军事法治体系，抓好军事法治建设重点任务落实。

第三，要坚持按照法治要求转变治军方式，在全军真正形成党委依法决策、机关依法指导、部队依法行动、官兵依法履职的良好局面。

第四，要坚持从严治军铁律，强化执纪执法监督，严肃追责问责，把依法从严贯穿国防和军队法治建设各领域全过程。

第五，要坚持抓住领导干部这个“关键少数”，各级领导干部要带头尊法学法守法用法。

考点、坚持依法保障“一国两制”实践与推进祖国统一

一、为什么？

“一国两制”是党领导人民实现祖国和平统一的一项重要制度，是中国特色社会主义的一个伟大创举。

二、怎么办？

第一，宪法和特别行政区基本法共同构成特别行政区的宪制基础。必须高度重视依法保障“一国两制”实践，牢牢掌握宪法和基本法赋予的中央对特别行政区全面管治权。必须始终严格依照宪法和基本法办事，全面贯彻“一国两制”。必须坚持“一国”是实行“两制”的前提和基础，绝不容忍任何挑战“一国两制”底线的行为。

第二，要巩固和深化两岸关系和平发展，坚定不移维护国家主权、安全、发展利益。“和平统一、一国两制”是实现国家统一的最佳方式。要运用法治方式巩固和深化两岸关系和平发展，完善涉台法律法规，依法规范和保障两岸人民关系、推进两岸交流合作。要运用法律手段捍卫“一个中国”原则、反对“台独”，推进祖国和平统一。推动两岸就和平发展达成制度性安排。

考点、坚持依法治网

一、为什么？

第一，网络空间不是“法外之地”，同样要讲法治。网络空间是虚拟的，但运用网络空间的主体是现实的。

第二，网络空间同现实社会一样，既要提倡自由，也要保持秩序。既要保障网民交流思想、表达意愿的权利，也要依法构建良好网络秩序。

二、怎么办?

第一，要本着对社会负责、对人民负责的态度，在加强网络内容建设、网络正面宣传的同时，依法加强网络空间治理。

第二，要把依法治网作为基础性手段，推动依法管网、依法办网、依法上网，确保互联网在法治轨道上健康运行。

第三，要加快制定完善互联网领域法律法规，抓紧补齐短板。

第四，要共同维护网络空间和平安全，要倡导尊重网络主权，加强对话交流，同各国一道推动制定各方普遍接受的网络空间国际规则，制定网络空间国际反恐公约，健全打击网络犯罪司法协助机制。

第六节　坚持建设中国特色社会主义法治体系

考点、坚持建设中国特色社会主义法治体系

一、为什么?

中国特色社会主义法治体系包括完备的法律规范体系、高效的法治实施体系、严密的法治监督体系、有力的法治保障体系，完善的党内法规体系。建设中国特色社会主义法治体系是推进全面依法治国的总目标和总抓手，有以下意义:

第一，向国内外宣示我们将坚定不移走中国特色社会主义法治道路，指明了全面推进依法治国的正确方向，有利于统一全党全国各族人民认识和行动。

第二，明确建设中国特色社会主义法治体系是全面依法治国的总抓手。全面依法治国的各项工作要围绕这个总揽全局、牵引各方的总抓手来推进。

第三，建设中国特色社会主义法治体系、建设社会主义法治国家是实现国家治理体系和治理能力现代化的必然要求，有利于在法治轨道上推进国家治理体系和治理能力现代化。

二、怎么办?

第一，建设完备的法律规范体系。要不断完善中国特色社会主义法律体系，坚持立法先行，深入推进科学立法、民主立法、依法立法，以良法保善治。

第二，建设高效的法治实施体系。高效的法治实施体系，最核心的是健全宪法实施体系，要深入推进执法、司法、守法、普法机制建设，确保法律全面有效实施。

第三，建设严密的法治监督体系。要加快形成严密的法治监督体系，做到有权必有责、用权受监督、违法必追究，形成科学有效的权力运行制约和监督机制。

第四，建设有力的法治保障体系。要健全党领导全面依法治国的机制，为全面依法治国提供政治保障；要加强法治工作队伍建设，夯实社会主义法治建设的组织和人才保障。

第五，建设完善的党内法规体系。要完善党内法规制定体制机制，加大党内法规备案审查和解释力度，加快形成完善的党内法规体系，为提高党的执政能力提供制度保障。

考点、严密的法治监督体系

没有监督的权力必然导致腐败。全面依法治国，必须建设严密的法治监督体系，做到有权必有责、用权受监督、违法必追究，形成科学有效的权力运行制约和监督机制。法治监督体系是由党内监督、人大监督、民主监督、行政监督、司法监督、审计监督、社会监督、舆论监督等构成的权力制约和监督体系。

第一，要加强党对法治监督工作的集中统一领导，把法治监督作为党和国家监督体系的重要内容，保证行政权、监察权、审判权、检察权依法正确行使，切实保障公民、法人和其他组织的合法权益。

第二，要加强执纪执法监督，建立有效衔接机制。建立健全与执法司法权运行机制相适应的制约监督体系，健全政治督察、综治督导、执法监督、纪律作风督查巡查等制度机制。

第三，要加强国家机关监督、民主监督、群众监督和舆论监督，形成法治监督合力，发挥整体监督效能。

扩展阅读

权力制约原则

权力制约原则指国家各权力之间互相制约，以保障公民权利。权力制约原则在我国宪法中表现为监督原则。主要有以下三种形式。

第一，人民对国家权力的监督，表现为：各级人民代表大会都由民主选举产生，对人民负责，受人民监督；国家行政机关、监察机关、审判机关、检察机关都由人民代表大会产生，对它负责，受它监督。

第二，公民对国家机关及其公务员的监督权，表现为公民的批评、建议、控告、检举、申诉权。

第三，国家机关内部的监督，表现为，监察机关办理职务违法和职务犯罪案件，应当与审判机关、检察机关、执法部门互相配合，互相制约；人民法院、人民检察院和公安机关办理刑事案件，应当分工负责，互相配合，互相制约，以保证准确有效地执行法律。

第七节 坚持依法治国、依法执政、依法行政共同推进，法治国家、法治政府、法治社会一体建设

考点、坚持依法治国、依法执政、依法行政共同推进，法治国家、法治政府、法治社会一体建设

一、为什么？

第一，全面依法治国是一个系统工程，必须统筹兼顾，准确把握全面依法治国工作布局，坚持依法治国、依法执政、依法行政共同推进，法治国家、法治政府、法治社会一体建设。

第二，依法治国是党领导人民治理国家的基本方略，依法执政是党执政的基本方式，依法行政是政府施政的基本准则，三者密不可分，必须共同推进。

第三，法治国家是法治建设的目标，法治政府是建设法治国家的主体，法治社会是构筑法治国家的基础，三者各有侧重、相辅相成，必须坚持三者同步规划、相互促进。

二、怎么办？

第一，全面推进依法治国，必须着眼全局、统筹兼顾，在共同推进上着力，在一体建设上用劲。法治国家是法治建设的目标，法治政府是建设法治国家的主体，法治社会是构筑法治国家的基础。

第二，推进全面依法治国，法治政府建设是重点任务和主体工程，对法治国家、法治社会建设具有示范带动作用，法治政府建设要率先突破。各级政府必须坚持在党的领导下、在法治轨道上开展工作，建立权责统一、权威高效的依法行政体制。加快建设法治政府。

第三，全面依法治国需要全社会共同参与，必须在全社会弘扬社会主义法治精神。要在全社会树立法律权威，培育社会成员办事依法的良好环境。要坚持和发展新时代“枫桥经验”，健全自治、法治、德治相结合的城乡基层治理体系。

第八节 坚持全面推进科学立法、严格执法、公正司法、全民守法

考点、坚持全面推进科学立法、严格执法、公正司法、全民守法[1]

一、为什么？

全面依法治国是一项长期而重大的历史任务，必须从我

〔1〕 注意本点的另外两种考法。（1）2022 年真题的考法：考查“改革重构司法权力配制和运行机制的成就和意义”，主要是围绕“公正司法”的内容，结合实践中的制度设计考查。（2）2020 年真题的考法，考查“结合在法治轨道上统筹推进疫情防控工作的要求”。社会主义法治实践要求推进科学立法、严格执法、公正司法、全民守法。我国各种问题的解决，都必须在法治轨道上统筹推进，都可以从科学立法、严格执法、公正司法、全民守法的社会主义法治实践角度贯彻落实，但是，要和该问题结合到位，科学立法，必须是就该问题相关的立法；严格执法，必须是严格执行该问题相关的法律；公正司法，必须是涉及该问题的案件；全民守法，必须是普及和遵守该问题相关的法律。

国实际出发，切实把握好法治建设各环节的工作规律。科学立法、严格执法、公正司法、全民守法是全面依法治国的重要环节。

第一，法律是治国之重器，良法是善治之前提，科学立法是全面依法治国的前提。

第二，法律的生命力在于实施，法律的权威也在于实施。严格执法是全面依法治国的关键。

第三，司法公正对社会公正具有重要引领作用，司法不公对社会公正具有致命破坏作用，公正司法是全面依法治国的保障。

第四，人民权益要靠法律保障，法律权威要靠人民维护。全民守法是推进全面依法治国的基础。

二、怎么办？

第一，推进科学立法。必须坚持立法先行，深入推进科学立法、民主立法、依法立法，提高立法质量，以良法保障善治。

第二，推进严格执法。各级政府必须坚持在党的领导下、在法治轨道上开展工作，建立权责统一、权威高效的依法行政体制，加快建设法治政府。

第三，推进公正司法。必须完善司法管理体制和司法权力运行机制，加强对司法活动的监督，努力让人民群众在每一个司法案件中感受到公平正义。

第四，推进全民守法。要坚持依法治国和以德治国相结合，深入开展法治宣传教育，坚持法治教育与法治实践相结合，在全社会形成宪法至上、守法光荣的良好社会氛围。

考点、科学立法

推进科学立法，必须坚持立法先行，深入推进科学立法、民主立法、依法立法，提高立法质量和效率，以良法促进发展、保障善治。

第一，健全宪法实施和监督制度。完善全国人大及其常委会宪法监督制度，健全宪法解释程序机制。加强备案审查制度和能力建设。

第二，完善立法体制。加强党对立法工作的领导，完善党对立法工作中重大问题决策的程序。健全有立法权的人大主导立法工作的体制机制，加强和改进政府立法制度建设，完善公众参与政府立法机制。

第三，深入推进科学立法、民主立法。健全立法机关主导、社会各方有序参与立法的途径和方式，健全立法机关和社会公众沟通机制。

第四，加强重点领域立法。依法保障公民权利，加快完善体现权利公平、机会公平、规则公平的法律制度，实现公民权利保障法治化。

二 扩展阅读

立法法修改

一、立法法修改的指导思想、遵循的原则

修改立法法，坚持以习近平新时代中国特色社会主义思想为指导，深入贯彻习近平法治思想。深入贯彻习近平法治思想，坚定不移走中国特色社会主义法治道路，坚持党的领导、人民当家作主、依法治国有机统一，主要坚持以下原则：

第一，加强党对立法工作的全面领导，通过完善立法体制机制保障党的路线方针政策有效实施。

第二，坚持以人民为中心，坚持和发展全过程人民民主，不断拓展和健全人民群众有序参与立法的途径和形式。

第三，适应新时代新要求，总结立法工作实践经验，坚持问题导向、完善立法体制机制。

第四，适应全面深化改革的需要，坚持立法和改革相辅相成，更好发挥法治固根本、稳预期、利长远的重要作用。

第五，遵循宪法的原则和规定，推进科学立法、民主立法、依法立法，增强立法系统性、时效性。

二、修改的必要性和重大意义

立法法是规范国家立法制度和立法活动、维护社会主义法治统一的基本法律。立法法的修改具有以下重大意义：

第一，修改立法法是新时代加强党对立法工作的全面领导，把党的主张通过法定程序转化为国家意志，通过法治保证党的路线方针政策贯彻执行的必然要求。

第二，修改立法法是新时代坚持和发展全过程人民民主，通过法治保障人民当家作主，从制度上保证每一项立法都反映人民意愿、得到人民拥护立法客观要求。

第三，修改立法法是新时代推进全面依法治国、依宪治国，进一步健全立法体制机制，规范立法活动，建设中国特色社会主义法治体系，建设社会主义法治国家的重要举措。

第四，修改立法法是总结新时代正确处理改革和法治关系的实践经验，坚持在法治下推进改革，在改革中完善法治，完善立法引领和推动改革创新的体制机制的现实需要。

考点、严格执法

各级政府必须坚持在党的领导下、在法治轨道上开展工作，建立权责统一、权威高效的依法行政体制，加快建设法治政府。

第一，依法全面履行政府职能。推行政府权力清单制度，坚持法定职责必须为、法无授权不可为。推进各级政府事权规范化、法律化，完善不同层级政府特别是中央和地方政府事权法律制度。

第二，健全依法决策机制。确保决策制度科学、程序正当、过程公开、责任明确，建立重大决策终身责任追究制度及责任倒查机制。

第三，深化行政执法体制改革。根据不同层级政府的事权和职能，减少层次、整合队伍，推进综合执法。

第四，坚持严格规范公正文明执法。依法惩处各类违法行为，加大关系群众切身利益的重点领域执法力度。

第五，强化对行政权力的制约和监督，努力形成科学有效的权力运行制约和监督体系，增强监督合力和实效。

考点、公正司法

推进公正司法。必须完善司法管理体制和司法权力运行机制，加强对司法活动的监督，努力让人民群众在每一个司法案件中感受到公平正义。

第一，完善确保依法独立公正行使审判权和检察权的制度。

第二，优化司法职权配置。健全公安机关、检察机关、审判机关、司法行政机关各司其职，侦查权、检察权、审判权、执行权相互配合、相互制约的体制机制。

第三，推进严格司法。推进以审判为中心的诉讼制度改革。实行办案质量终身负责制和错案责任倒查问责制。

第四，保障人民群众参与司法。完善人民陪审员制度。推进审判公开、检务公开、警务公开、狱务公开，建立生效法律文书统一上网和公开查询制度。

第五，加强人权司法保障。完善司法监督，保障当事人依法行使申诉权利，切实解决执行难，依法保障胜诉当事人及时实现权益。

第六，加强对司法活动的监督。完善检察机关行使监督权的法律制度，完善人民监督员制度。

考点、全民守法

推进全民守法。要坚持依法治国和以德治国相结合，深入开展法治宣传教育，坚持法治教育与法治实践相结合，在全社会形成宪法至上、守法光荣的良好社会氛围。

第一，推动全社会树立法治意识。坚持把全民普法和守法作为依法治国的长期基础性工作，完善国家工作人员学法用法制度，实行国家机关“谁执法谁普法”的普法责任制。把法治教育纳入国民教育体系，在中小学设立法治知识课程。

第二，推进多层次多领域依法治理。坚持系统治理、依法治理，发挥人民团体和社会组织在法治社会建设中的积极作用，提高社会治理法治化水平。

第三，建设完备的法律服务体系。推进覆盖城乡居民的公共法律服务体系建设，保证人民群众在遇到法律问题或者权利受到侵害时获得及时有效法律帮助。

第四，健全依法维权和化解纠纷机制，健全社会矛盾纠纷预防化解机制，深入推进社会治安综合治理，保障合理合法诉求依照法律规定和程序就能得到合理合法的结果。

调解员队伍建设，推动法律服务志愿者队伍建设。

第三，加强法治人才培养。办好法学教育，必须加强法学教师队伍建设，打造一支高水平法学专家队伍，坚持以习近平法治思想为指导，德法兼修，培养大批高素质法治人才。

第十一节　坚持抓住领导干部这个“关键少数”

考点、坚持抓住领导干部这个“关键少数”

一、为什么?

第一，领导干部是全面推进依法治国的重要组织者，是全面依法治国的关键。

第二，各级领导干部作为具体行使党的执政权和国家立法权、行政权、司法权的人，在很大程度上决定着全面依法治国的方向、进度。

第三，党领导立法、保证执法、支持司法、带头守法，主要是通过各级领导干部的具体行动来实现。

第四，领导干部对法治建设既可以起到关键推动作用，也可能起到致命破坏作用。必须把领导干部作为全面依法治国实践的重中之重，牢牢抓住领导干部这个“关键少数”。

二、怎么办?

第一，领导干部应做尊法学法守法用法的模范，带头尊崇法治、敬畏法律，带头了解法律、掌握法律，带头遵纪守法、捍卫法治，带头厉行法治、依法办事，让尊法学法守法用法成为领导干部必备素质。

第二，领导干部要提高法治思维和依法办事能力。领导干部要坚持以人民为中心，牢记法治要保障人民权益，做到法定职责必须为、法无授权不可为，加强对权力运行的制约监督，把法治素养和依法履职情况纳入考核评价干部的重要内容。

第三，党政主要负责人要履行推进法治建设第一责任人职责。要完善党政主要负责人履行推进法治建设第一责任人职责的约束机制，党政主要负责人要自觉加强对法治建设的领导，统筹推进科学立法、严格执法、公正司法、全民守法。

第三章　习近平法治思想的实践要求

第一节　充分发挥法治对经济社会发展的保障作用

考点、充分发挥法治对经济社会发展的保障作用

第一，以法治保障经济发展，要完善市场经济法律体系，创建保障公平竞争的法治环境，保障和促进经济持续健康发展。

第二，以法治保障政治稳定，要健全党领导全面依法治国的制度和工作机制，推进党的领导制度化，以法治方式巩固党的执政地位，促进政治稳定和国家长治久安。

第三，以法治保障文化繁荣，要围绕建立健全坚持社会主义先进文化前进方向的文化法律制度，深入推进社会主义文化强国建设，满足人民群众的基本文化需求。

第四，以法治保障社会和谐，要充分发挥法治作为保障和改善民生制度基石的作用，完善共建共治共享的社会治理制度，促进社会公平，满足人民日益增长的美好生活需要。

第五，以法治保障生态良好，要将生态文明建设纳入法治的轨道，建立系统完整的生态文明制度体系，用严格的法律制度保护生态环境，保障生态文明建设的持续健康发展。

考点、以法治保障经济发展

中国特色社会主义进入新时代，党和国家通过完善市场经济法律体系，有力保障和促进了经济持续健康发展。贯彻

新发展理念，实现经济高质量发展，必须坚持以法治为引领。

第一，要立足新发展阶段，加快转变政府职能，推动形成全国统一、公平竞争的市场体系。

第二，要不断完善社会主义市场经济法律制度，加快建立和完善现代产权制度。

第三，要积极营造公平有序的法治环境，依法平等保护各类市场主体合法权益。

第四，要贯彻实施好《民法典》，更好保障人民权益，推进全面依法治国、建设社会主义法治国家。

考点、以法治保障文化繁荣

要紧紧围绕建立健全坚持社会主义先进文化前进方向的文化法律制度，深化文化体制改革，依法保障社会主义文化事业建设，促进社会主义文化大发展。

第一，要坚持用社会主义核心价值观引领文化立法，完善社会主义先进文化的法治保障机制，进一步完善中国特色社会主义文化法律制度体系。

第二，要深入推进社会主义文化强国建设，加快公共文化服务体系建设，运用法治方式保障人民文化权益，满足人民群众的基本文化需求。

第三，要坚持依法治网、依法办网、依法上网，加快网络法治建设，加强互联网领域立法，依法规范网络行为，促进互联网健康有序发展。

考点、以法治保障社会和谐

社会和谐稳定是人民群众的共同心愿，是改革发展的重要前提。

第一，要充分发挥法治作为保障和改善民生制度基石的作用，加强民生法治保障，着力保障和改善民生。

第二，要更加注重社会建设，推进社会体制改革，促进社会公平正义，满足人民日益增长的美好生活需要。

第三，要坚持和完善共建共治共享的社会治理制度，完善党委领导、政府负责、社会协同、公众参与、法治保障的社会治理体制，切实保障各主体合法权益。

第四，要贯彻落实总体国家安全观，加快国家安全法治建设，提高运用法治手段维护国家安全的能力。

光明点睛

1. 我国属于外源型法的现代化。我国任何伟大目标的实现，都应当在法治轨道上进行，全面依法治国为我国各种目标的实现，提供固根本、稳预期、利长远的制度保障。

2. 在法治轨道上实现伟大目标，具体的做法，就是坚持科学立法、严格执法、公正司法、全民守法四个步骤。但是，考生在写作时，一定要围绕目标写出科学立法、严格执法、公正司法、全民守法的具体措施。

第二节　正确认识和处理全面依法治国一系列重大关系

考点、政治和法治

正确处理政治和法治的关系，是法治建设的一个根本问题。

第一，政治和法治关系的集中反映为党和法的关系。党和法的关系处理得好，则法治兴、党兴、国家兴；处理得不好，则法治衰、党衰、国家衰。党的领导和依法治国不是对立的，而是统一的。

第二，要处理好党的政策和国家法律的关系，两者在本质上是一致的。党的政策是国家法律的先导，是立法的依据和执法司法的重要指导。要善于通过法定程序使党的政策成为法律，并通过法律保障党的政策有效实施，从而确保党发挥总揽全局、协调各方的领导核心作用。

第三，处理党和法的关系，要坚持党领导立法、保证执法、支持司法、带头守法，将依法治国基本方略和依法执政基本方式统一起来。

考点、改革和法治

法治和改革相辅相成，必须在法治下推进改革，在改革中完善法治。

第一，在法治下推进改革。要发挥法治对改革的引领和推动作用，确保重大改革于法有据，做到在法治的轨道上推进改革。要坚持改革决策和立法决策相统一，确保改革和法治实现良性互动，做到改革和法治同步推进。要通过改革和法治推动贯彻落实新发展理念，坚持以法治为引领，用法治更好促进发展。

第二，在改革中完善法治。要围绕让人民群众感受到公平正义这个目标，加快建设公正高效权威的社会主义司法制度。要健全社会公平正义法治保障制度，加快构建系统完备的执法司法制约监督体系。要完善法治人才培养体系，着力建设一支德才兼备的高素质法治工作队伍。

考点、依法治国和以德治国

第一，坚持依法治国与以德治国相结合。既重视发挥法律的规范作用，又重视发挥道德的教化作用，使法治和德治相互补充，共同推进国家治理体系和治理能力现代化。

第二，要发挥好法律的规范作用。以法治体现道德理念，运用法治手段解决道德领域突出问题。要提高全民法治意识和道德自觉，使全体人民成为社会主义法治的忠实崇尚者。要发挥领导干部的关键作用，以实际行动带动全社会崇德向善、尊法守法。

第三，要强化道德对法治的支撑作用。要重视发挥道德的教化作用，在道德体系中体现法治要求，使道德同法律相衔接，营造全社会都讲法治的文化环境。

考点、依法治国和依规治党

必须坚持依法治国和依规治党的统一。

第一，依规管党治党是依法治国的重要前提和政治保障。只有坚持依规治党，切实解决党自身存在的突出问题，才能发挥好党领导立法、保证执法、支持司法、带头守法的政治优势。

第二，要完善党内法规体系。要从全面依法治国和全面从严治党统一的高度，完善党内法规体系，确保党内法规与国家法律衔接，保障党的领导核心地位，为全面建设社会主义现代化国家提供坚强政治保证。

第三，坚持依规治党带动依法治国。要发挥依法治国和依规治党的互补性作用，坚持依法治国与依规治党统筹推进，努力形成国家法律和党内法规相辅相成的格局，提升党治国理政的效能，促进国家治理体系和治理能力现代化。

二 扩展阅读

考点、党内法规制度体系

党内法规制度体系

党内法规制度体系，是以党章为根本，党的组织法规、党的领导法规、党的自身建设法规、党的监督保障法规为主干，由各领域各层级党内法规制度组成的有机统一整体。构建完善的党内法规制度体系有以下意义：

第一，治国必先治党，治党务必从严，从严必依法度。加强党内法规制度建设，是全面从严治党的长远之策、根本之策。全面从严治党能否持续、能否取得彻底胜利，根本上就看党内法规体系能否不断完善并得到有力执行。

第二，加强党内法规制度建设，是推进国家治理体系和治理能力现代化的重要保障。

第三，形成完善的党内法规体系，是建设中国特色社会主义法治体系的重要内容。

如何建设党内法规

第一，要完善党的组织法规制度，全面规范党的各级各类组织的产生和职责，夯实管党治党、治国理政的组织制度基础。

第二，要完善党的领导法规制度，加强和改进党对各方面工作的领导，为党发挥总揽全局、协调各方领导核心作用提供制度保证。

第三，要完善党的自身建设法规制度，加强党的思想建设、组织建设、作风建设、反腐倡廉建设，深化党的建设制度改革，增强党的创造力、凝聚力、战斗力。

第四，要完善党的监督保障法规制度，切实规范对党组织工作、活动和党员行为的监督、考核、奖惩、保障等，确保行使好党和人民赋予的权力。

“政治和法治的关系”“改革和法治的关系”“依法治国和以德治国的关系”“依法治国和依规治党的关系”，是全面依法治国的进程中，必须正确处理的重大关系。

第四章　时政论述题的真题解析及写作训练

第一节　本章的学习方法

根据往年的考试规律，真题不会原题重现在未来的考题中，真题涉及的采分点再次考查的概率也不会太大。但是，真题依然是考生准备时政论述题最重要的宝贵资料。因为，真题能帮助考生感受到命题者的命题思路，能帮助考生更好地体会时政论述题的评分标准，从而形成正确的写作方法。

论述题的写作，正确的方法很重要。但是，用正确的方法写作训练更重要。宋老师的教学只能让考生学到正确的写作方法，要想真正在规定的时间内写出一篇漂亮的论述题来，考生还必须经过艰苦卓绝的写作训练。而真题，正是最宝贵的训练素材。

故，考生务必高度重视真题。

考生在听每一道真题讲解之前，务必按照宋老师讲授的正确方法，审题、找采分点、带着采分点的关键字审材料、围绕采分点整合材料、写作每一个采分点、写作观点、写作总结段，力争在50分钟的时间完成。

考生在练习写作时，要注意：

第一，一开始写不出来，很正常。不要灰心，记住，绝大多数考生都和你一样。正因为写不出来，所以，你才需要训练。

第二，一定要按照宋老师教的方法训练，形成正确的审题思路和写作方法。自以为是的盲目写作和训练，还不如不练。

第三，写作训练是一个逐渐脱离书本的过程。如果某个采分点写不出来，千万不要硬写，要充分利用本书中的理论知识储备，在本书中找出所有涉及采分点的内容，并结合材料对之进行整理后写作。这样训练的好处在于，一方面能帮助考生提高整理材料、分析材料、利用材料写作的能力，另一方面也能帮助考生记忆该采分点的相关知识。当考生写完该采分点，可能该采分点的相关内容考生也记得差不多了。这样坚持写下去，不知不觉，考生就能够脱离本书写作了。记住，写作训练最忌讳的就是腹中空空地硬写，这样下去，即使考生能形成自己的写作套路，但也只是低水平的重复，无法得到理想的分数。

完成写作之后，带着满肚子的困惑，再认真听宋老师的讲解。听课的过程中，认真总结自己在写作过程中出现的各种问题。

听完课后，针对本题再写一遍。再次写作时，要有意识地提醒自己，不能再犯已经出现过的错误，同时，有意识地总结正确的写作方法。

写完第二遍后，再与宋老师给的参考范文对比，按照宋老师在前面讲的时政论述题的写作要求找差距，同时总结自己在写作方法上的收获。这样训练，能够最快速度形成自己的写作方法。有了正确的写作方法，到了考场上，无论题目是否是宋老师在课堂上讲过的，考生一定能在45分钟内完成本题的写作。

记住，文章不厌千回改。一道题写两到三遍，比写三道不同的题目，效果要好得多。

第二节　2018年主观题试卷第一题及其解析

一、题目

（本题38分）

材料一：中国特色社会主义法治道路，是社会主义法治建设成就和经验的集中体现，是建设社会主义法治国家的唯一正确道路。在走什么样的法治道路问题上，必须向全社会释放正确而明确的信号，指明全面推进依法治国的正确方向，统一全党全国各族人民认识和行动。

——《关于〈中共中央关于全面推进依法治国若干重大问题的决定〉的说明》2014年10月20日，选自《习近平关于全面依法治国论述摘编》

材料二：全面依法治国是国家治理的一场深刻革命，必须坚持厉行法治，推进科学立法、严格执法、公正司法、全民守法。

——《决胜全面建成小康社会 夺取新时代中国特色社会主义伟大胜利》，习近平在中国共产党第十九次全国代表大会上的报告，2017年10月18日

材料三：中国各族人民将继续在中国共产党领导下，在马克思列宁主义、毛泽东思想、邓小平理论、“三个代表”重要思想、科学发展观、习近平新时代中国特色社会主义思想指引下，坚持人民民主专政，坚持社会主义道路，坚持改革开放，不断完善社会主义的各项制度，发展社会主义市场经济，发展社会主义民主，健全社会主义法治，贯彻新发展理念，自力更生，艰苦奋斗，逐步实现工业、农业、国防和科学技术的现代化，推动物质文明、政治文明、精神文明、社会文明、生态文明协调发展，把我国建设成为富强民主文明和谐美丽的社会主义现代化强国，实现中华民族伟大复兴。

——《中华人民共和国宪法修正案》，2018年3月11日第十三届全国人民代表大会第一次会议通过

问题：

根据上述材料和社会主义法治实践，结合自身学习和工作实际，谈谈你对必须坚定不移走中国特色社会主义法治道路核心要义的理解和认识。

答题要求：

1. 无观点或论述，照搬材料原文不得分；
2. 观点正确，表达完整、准确；
3. 总字数不少于600字。

二、审问题

本题为3.1版本的问题结构：“根据以上材料和A，结合

B 谈 C”。可能涉及的采分点为 A、B、C。

搞清楚问题结构后，我们还需要仔细研究题干，以找到命题人设置的采分点。

题干的第一部分“根据上述材料和社会主义法治实践”，与往年命题最大的不同在于，多了“社会主义法治实践”，往年命题，以 2017 年为例，仅仅是“根据以上材料”。本题题干的第一部分，同时提到了社会主义法治实践，这是往年不曾有过的现象，这里的“社会主义法治实践”是采分点一。这意味着，我们在答题的时候，首先要答出什么是“社会主义法治实践”，其次，必须要从“社会主义法治实践”的角度答题。

题干的第二部分“结合自身学习和工作实际”，这是采分点二。采分点二意味着我们在答题的时候，必须要结合自己的基本情况，考生是一个学生，就结合自己的学习实际；考生是一个在职人员，就结合自己的工作实际，当然，在职工作人员也可以结合自己的学习实际。

题干的第三部分“谈谈你对必须坚定不移走中国特色社会主义法治道路核心要义的理解和认识”，这里实际上有两个采分点。采分点三是对“中国特色社会主义法治道路核心要义”的理解和认识，即什么是中国特色社会主义法治道路核心要义。采分点四是对“必须坚定不移走中国特色社会主义法治道路”的理解和认识，即为什么要坚定不移走中国特色社会主义法治道路。采分点四，从另一个角度回答中国特色社会主义法治道路的伟大意义。

三、审答题要求

答题要求 1“无观点或论述，照搬材料原文的不得分”，此处说明：第一，必须有观点；第二，观点是从材料中推理出来的；第三，在有观点或者论述的情况下，可以照搬材料。

答题要求 2“观点正确，表述完整、准确”，此处所谓“观点正确”意味着有明确的参考答案，否则以何认定“正确”；“表述完整”意味着答案不能有遗漏，换句话说，宁多勿少，因为，表述不完整，答案有遗漏，一定会扣分，但是答案写多了，不会扣分；“文字通顺”，这是基本功，形式分，考生在此点上丢分就非常可惜了。

答题要求 3 “总字数不得少于 600 字”，意味着字数上也有明确的分值，考生应当在答题时满足此要求。但字数也不宜太多，总之，关于字数把握住趋近原则。本处的答题字数和过去的司法考试时代真题相比，也有一定的变化，2017 年考题要求的是不少于 500 字。这个字数变化，最重要的原因是本题的分值由 22 分上升到了 38 分。

四、分析材料和采分点

首先，必须坚信，采分点彼此之间都是有必然联系的，采分点和材料之间一定是有必然联系的，材料之间一定是有必然联系的，材料一定是通过采分点联系在一起的。我们分析采分点的目的，就是找到这些联系。找到这些联系的办法，第一是对习近平法治思想基本内容的熟悉；第二是对基本法治思维的运用；第三就是想尽一切办法让采分点彼此之间靠；第四是想尽一切办法让采分点和材料之间靠。

“根据以上材料”，要求我们必须要使用材料中的有关内容。注意使用材料不是照抄材料。

1. 分析材料

（1）分析材料一

材料一就两句话：“中国特色社会主义法治道路，是社会主义法治建设成就和经验的集中体现，是建设社会主义法治国家的唯一正确道路。在走什么样的法治道路问题上，必须向全社会释放正确而明确的信号，指明全面推进依法治国的正确方向，统一全党全国各族人民认识和行动。”很明显，材料一主要讲中国特色社会主义法治道路的重要意义，也就是必须坚定走中国特色社会主义法治道路的原因。材料一和采分点三、采分点四有直接关系。

（2）分析材料二

材料二只有一句话：“全面依法治国是国家治理的一场深刻革命，必须坚持厉行法治，推进科学立法、严格执法、公正司法、全民守法。”这里似乎找不到任何与采分点相关的内容。但是，考生必须坚信，材料不是白给的，材料一定，而且必须和采分点有关。如果实在看不出来和哪个采分点有关，那么，我们就挨个采分点往上靠，直到找到与材料有关的采分点。当然，如果考生记得“马克思主义法学基本思维七字真经”中的“五大实践不能忘”，即立法、执法、司法、守法、法律监督，就能够想明白了，材料二的主要内容正是社会主义法治实践的内涵。

(3) 分析材料三

材料三是2018年《宪法修正案》的内容，也是宪法序言的原文，主要讲宪法的根本任务。这里同样似乎找不到直接和采分点有关的内容。但是，我们要记住，材料一定是为采分点服务的，一定是和采分点有关系的，我们审读材料的目的就是找出来这种关系。当我们看到“道路”这两个字，就必须想到采分点三和采分点四的关键字“中国特色社会主义法治道路”，当然，材料三正是为这两个采分点服务的。显然，我们要想实现我国的根本任务，就必须坚持中国特色社会主义法治道路。这不就是中国特色社会主义法治道路的伟大意义吗？

2. 分析采分点

(1) 分析采分点一

采分点一是“社会主义法治实践”。那么，到底什么是社会主义法治实践呢？相信听过宋老师课程的同学立刻就能答出来，我在“马克思主义法学基本思维七字真经”讲得非常清楚，“五大实践不能忘”，即立法、执法、司法、守法、法律监督。如果实在想不起来，也没关系，因为“材料即答案”。阅读材料，大家也能发现，材料二说得非常清楚：“全面依法治国是国家治理的一场深刻革命，必须坚持厉行法治，推进科学立法、严格执法、公正司法、全民守法。”当然，在答题时，如果只是简单地把这句话抄上去，那是远远不够的，还必须有一定的扩展。因此，一定的理论储备是必需的。当然，在我们的主观题教材中，宋老师早就准备好了。“新时代依法治国实践的主要任务”作为重点是单列出来的。“法治工作的基本格局”中的四小节内容每一部分的第一段话，都是宋老师反复叮嘱大家一定要背下来的内容。

(2) 分析采分点二

采分点二是“结合自身学习和工作实际”。相比司法考试时代的命题，采分点二是一个创新。这个创新，一方面是贯彻中央要求的加大法律实务的考查力度，即使纯理论方面的考查，也要从自身的学习和工作实践出发。另一方面，是作为首届法律职业资格考试、首次单独的主观题考试贯彻有关部门要求的“不同于以往”的全新命题的尝试。但这里要提醒广大考生注意的是，千万不要把这个采分点“结合你的学习和工作实际”当成个性化答案，随便怎么写都可以。实际上，这个采分点属于命题人有意设置的陷阱。因为，论述题考查的重点是“领会中央意图，与中央保持一致”，阅卷人并不关心考生对自己的学习和工作实际有什么样的体会，阅卷人关心的是你是否掌握了习近平法治思想，是否吃透了材料。

（3）分析采分点三和采分点四

采分点三是对“中国特色社会主义法治道路核心要义”的理解和认识，即什么是中国特色社会主义法治道路的核心要义。采分点四是对“必须坚定不移走中国特色社会主义法治道路”的理解和认识，即为什么要坚定不移走中国特色社会主义法治道路。这两个采分点的关键都是“中国特色社会主义法治道路”，所以，这两个采分点我们一起谈。

中国特色社会主义法治道路的核心要义是坚持党的领导，坚持中国特色社会主义制度，贯彻中国特色社会主义法治理论。但可能有的同学不知道这个核心要义究竟是什么，没问题，这并不影响答题。因为，“材料即答案”，根据同学们所掌握的习近平法治思想的基本知识和思维，结合材料分析即可。

看到“中国特色社会主义”，大家当然知道，中国特色社会主义最本质的特征就是中国共产党领导。中国特色社会主义法治道路当然少不了党的领导，在我国，一切都必须坚持党的领导。而且，材料三开篇也明确“在中国共产党领导下”。从这个角度回答，当然错不了。

可能有同学会说：“老师，光回答这一点恐怕不够吧！”那是当然。“马克思主义法学基本思维七字真经”中“事物都有历史性”的内涵：任何一个现象都是由多个因素导致的，一定是多因多果。那么，其他因素都是什么呢？不要着急，“材料即答案”，先认真阅读材料。

材料一明确提到了中国特色社会主义法治道路，虽然没有提到中国特色社会主义法治道路的核心要义是什么，但是，接下来继续谈到的“指明全面依法治国的正确方向”却会为我们的写作指明正确的方向。我们现在提倡全面依法治国，而且，领导同志的讲话也明确提到，正确的法治道路将为全面依法治国指明正确的方向。这就说明，“依法治国”和中国特色社会主义法治道路的关系密切。依法治国应当是我们非常熟悉的一个术语了。依法治国就是党领导人民治理国家的基本方略，人民群众在党的领导下，依照宪法和法律治国理政，管理国家事务、经济文化事业和社会事务。想到这里，“依法治国”“党的领导”“人民群众”这些熟悉的字眼，这不是三者有机统一吗？党的领导、人民当家作主、依法治国的有机统一。所以，中国特色社会主义法治道路当然也是党的领导、人民当家作主、依法治国三者的有机统一，我们至少可以从党的领导、人民当家作主、依法治国这三个角度来谈对中国特色社会主义法治道路的核心要义的认识和理解。

而且，大家一定要注意，我们在写作论述题时，谈理解、谈认识、论证某个观点，至少要有三个方面。为什么？这是由中国传统文化所决定的，在中国，一不是多，二也不是多，三才是多。论证时，一太单薄，二太骨感，三才丰满。

材料二谈全面依法治国的四个步骤，这既是社会主义法治实践的具体内容，又可以充实我们对必须坚定走中国特色社会主义法治道路核心要义的理解和认识。

材料三是 2018 年《宪法修正案》的内容。首先，从宪法的高度确定了党的领导地位，这个点当然让我们更加坚信谈中国特色社会主义法治道路的核心要义，就必须要谈“党的领导”。

其次，从宪法的高度确定了我国的指导思想，正确的实践必须要有正确的理论指引。中国特色社会主义的实践必须依靠马克思列宁主义、毛泽东思想、邓小平理论、“三个代表”重要思想、科学发展观、习近平新时代中国特色社会主义思想的指引才能走上正确的道路。因此，中国特色社会主义法治道路、社会主义法治实践当然也需要正确的理论指引。当然，如果我们仅仅说，依靠马克思列宁主义、毛泽东思想、邓小平理论、“三个代表”重要思想、科学发展观、习近平新时代中国特色社会主义思想的指引，那就显得很空了。

所以，同学们一定要把握住马克思列宁主义、毛泽东思想、邓小平理论、“三个代表”重要思想、科学发展观、习近平新时代中国特色社会主义思想放之四海而皆准的适应性，马克思列宁主义、毛泽东思想、邓小平理论、“三个代表”重要思想、科学发展观、习近平新时代中国特色社会主义思想是最宏观的理论，能够指导整个中国特色社会主义道路。同样，社会主义道路是最宏观的一条道路，还可以具体化为各种道路，如中国特色社会主义市场经济道路、中国特色社会主义法治道路等。中国特色社会主义市场经济道路需要依靠中国特色社会主义市场经济方面的理论指引，中国特色社会主义法治道路，当然要依靠中国特色社会主义法治理论的指引。

最后，从宪法的高度，确定了我国的发展目标，即：“推动物质文明、政治文明、精神文明、社会文明、生态文明协调发展，把我国建设成为富强民主文明和谐美丽的社会主义现代化强国，实现中华民族伟大复兴。”这个目标的实现，显然需要走中国特色社会主义法治道路。这就涉及对必须坚定不移走中国特色社会主义法治道路的理解和认识了。

材料分析得差不多了，当然还需要我们自己的理论储备：习近平法治思想的基本思维和基本内容。法治是手段，其作用就是固根本、稳预期、利长远。全面依法治国是全面建设社会主义现代化国家、全面深化改革、全面从严治党的法治保障。这当然就是我们为什么要坚定不移走中国特色社会主义法治道路的原因。分析到这，应当说这道题我们就差不多能回答了。

五、谋篇布局

按照“n+2”的写作框架，每个采分点单独成段，本文应当写成六段。但是，注意这道题我们只能写五段。采分点一“社会主义法治实践”单独成段，采分点三“对中国特色社会主义法治道路核心要义的理解认识”单独成段，采分点四“对必须坚定不移走中国特色社会主义法治道路的理解和认识”单独成段。观点一段，总结一段。

对于采分点二“结合自身的学习和工作实际”，很多同学可能会不知所措，因为本采分点是命题人的一个创新，过去的真题从来没有出现过类似的采分点。有同学认为应当单独来一段谈自身的学习与工作的实际，注意，绝对不可以这样做。你的学习与工作实际并不重要，重要的是从你的学习与工作的实际谈你对中国特色社会主义法治道路的理解与认识。所以，此点没有必要单独写一段，宋老师建议大家结合总结部分写此点，因为，我们在写总结部分时，要有一个对全文的升华与拔高，在升华与拔高的同时，结合自身的学习和工作实际，会显得更加自然，不会让阅卷人觉得你在虚情假意的“假大空”。

这样，本文写作，应当是五段：观点一段，社会主义法治实践一段，对中国特色社会主义法治道路核心要义的理解和认识一段，对必须坚定不移走中国特色社会主义法治道路的理解和认识一段，结合学习和工作实际总结一段。

1. 观点部分的写作

观点句必须包括所有采分点的关键字：“社会主义法治实践”“中国特色社会主义法治道路”。但是，大家要注意采分点“结合自身的学习和工作实际”可以不出现在观点句中，因为这会削弱论述题的规范性和庄重性。其次，观点句不是这些关键字的简单堆砌，还必须梳理清楚这些关键字之间的关系。其实，我们之前的分析，已经梳理清了采分点之间的关系，社会主义法治实践就是沿着中国特色社会主义法治道路前进，需要党的领导，需要中国特色社会主义法治理论指引，以确保正确的实践。最后，用不超过两句话表达出来。

我们可以这样写：

“为把我国建设成为富强民主文明和谐美丽的社会主义现代化强国，实现中华民族伟大复兴，社会主义法治实践必须坚定不移沿着中国特色社会主义法治道路前进。”

2. 采分点一的写作

社会主义法治实践要求科学立法、严格执法、公正司法、全民守法。首先是科学立法，必须坚持立法先行，发挥立法的引领和推动作用，推进科学立法、民主立法、依法立法。

其次是严格执法，必须建设法治政府，在法治轨道上开展工作，推进依法行政，严格规范公正文明执法。再次是公正司法，必须坚持深化司法体制改革，全面落实司法责任制，努力让人民群众在每一个司法案件中感受到公平正义。最后是全民守法，必须加大全民普法力度，树立宪法法律至上、法律面前人人平等的法治理念。

3. 采分点三的写作

社会主义法治实践要坚定不移沿着中国特色社会主义法治道路前进。中国特色社会主义法治道路的核心要义是坚持党的领导、坚持中国特色社会主义制度、贯彻中国特色社会主义法治理论的有机统一。首先，党的领导是中国特色社会主义最本质的特征，把党的领导落实到社会主义法治实践的全过程，是社会主义法治实践沿着正确方向前进的根本保障。其次，中国特色社会主义制度，坚持人民主体地位，是社会主义法治实践沿着正确方向前进的制度基础。最后，中国特色社会主义法治理论从我国实际出发，充分吸收中国传统法律文化精华，借鉴外国法治有益经验，是社会主义法治实践沿着正确方向前进的理论指引。

4. 采分点四的写作

社会主义法治实践必须坚定不移沿着中国特色社会主义法治道路前进，其理由在于：第一，中国特色社会主义法治道路是社会主义法治建设成就和经验的集中体现，是建设社会主义法治国家的唯一正确道路。第二，中国特色社会主义法治道路指明了全面依法治国的正确方向，有助于统一全党全国各族人民的认识和行动。第三，物质文明、政治文明、精神文明、社会文明、生态文明协调发展，建设富强民主文明和谐美丽的社会主义现代化强国，实现中华民族伟大复兴，要求我们必须坚定不移走中国特色社会主义法治道路。

5. 总结部分的写作

注意，本题的总结部分，应当结合采分点二“结合自身的学习和工作实际”写。此点没有必要单独写一段。宋老师在2019年主观题的授课当中，接触到一些考生，他们就是针对“自身学习与工作实际”大写特写，感觉特别好，以为自己稳过了，却没想到上了命题人的当，根本上就写跑题了。

大家一定要记住，阅卷人并不关心你的工作和学习实际有多么重要，他们关心的是你是怎么理解“中国特色社会主义法治道路”的，这才是你获得分数的关键所在。毕竟，论述题的给分模式是采点给分，需要一定的标准。但每一个人都有自己特殊的工作和学习实际，都写出来，标准各异，让阅卷人如何评分？

另外，宋老师在前面分析采分点二时，也提醒过大家，在结合自身的学习和工作实际时，绝对不能写出与习近平法治思想不一致的观点。

总结部分可以这样写：

“总之，作为一个基层法律工作者，在日常的学习和工作中，我深刻体会到，在走什么样的法治道路的问题上，我们必须向全社会释放正确的信号。我国独特的国情、独特的法治传统、独特的现实问题，决定了我国社会主义法治实践必须坚定不移沿着中国特色社会主义法治道路前进。”

最后再一组合，答案就出来了。

六、参考答案

为把我国建设成为富强民主文明和谐美丽的社会主义现代化强国，实现中华民族伟大复兴，社会主义法治实践必须坚定不移沿着中国特色社会主义法治道路前进。

社会主义法治实践要求科学立法、严格执法、公正司法、全民守法。首先是科学立法，必须坚持立法先行，发挥立法的引领和推动作用，推进科学立法、民主立法、依法立法。其次是严格执法，必须建设法治政府，在法治轨道上开展工作，推进依法行政，严格规范公正文明执法。再次是公正司法，必须坚持深化司法体制改革，全面落实司法责任制，努力让人民群众在每一个司法案件中感受到公平正义。最后是全民守法，必须加大全民普法力度，树立宪法法律至上、法律面前人人平等的法治理念。

社会主义法治实践要坚定不移沿着中国特色社会主义法治道路前进。中国特色社会主义法治道路的核心要义是坚持党的领导、坚持中国特色社会主义制度、贯彻中国特色社会主义法治理论的有机统一。首先，党的领导是中国特色社会主义最本质的特征，把党的领导落实到社会主义法治实践的全过程，是社会主义法治实践沿着正确方向前进的根本保障。其次，中国特色社会主义制度，坚持人民主体地位，是社会主义法治实践沿着正确方向前进的制度基础。最后，中国特色社会主义法治理论从我国实际出发，充分吸收中国传统法律文化精华，借鉴外国法治有益经验，是社会主义法治实践沿着正确方向前进的理论指引。

社会主义法治实践必须坚定不移沿着中国特色社会主义法治道路前进，其理由在于：第一，中国特色社会主义法治道路是社会主义法治建设成就和经验的集中体现，是建设社会主义法治国家的唯一正确道路。第二，中国特色社会主义法治道路指明了全面依法治国的正确方向，有助于统一全党全国各族人民的认识和行动。第三，物质文明、政治文明、精神文明、社会文明、生态文明协调发展，建设富强民主文明和谐美丽的社会主义现代化强国，实现中华民族伟大复兴，要求我们必须坚定不移走中国特色社会主义法治道路。

总之，作为一个基层法律工作者，在日常的学习和工作中，我深刻体会到，在走什么样的法治道路的问题上，我们必须向全社会释放正确的信号。我国独特的国情、独特的法治传统、独特的现实问题，决定了我国社会主义法治实践必须坚定不移沿着中国特色社会主义法治道路前进。

七、对本题的点评

总体上，这道题出得非常大，也印证了宋老师在首届法考考前一直说的“考宏观不考微观”的观点。可以说，本题涉及的各个采分点，彼此之间都包含着其他采分点的内容，只不过就是侧重点各有不同而已。比如，社会主义法治实践的要求就是中国特色社会主义法治道路的核心要义；党的领导，就是中国特色社会主义的本质特征；社会主义制度就必须坚持党的领导；中国特色社会主义法治理论的核心内容就是坚持中国特色社会主义，坚持党的领导。而且，所有上述内容，我们几乎都可以从材料中找到，这也佐证了宋老师关于论述题“材料即答案”的基本观点。所以，本题答案并不唯一，考生如果掌握了习近平法治思想的基本知识，结合材料的相关内容，按照宋老师教的答题方法答题，只要用语规范，文字通顺，就有可能获得相当不错的分数。而从此点分析，命题者也充分贯彻了官方不再公布真题及答案的命题思路。因此，“考宏观不考微观”“材料即答案”的命题思路在2019年、2021年全国延考、2022年的考试中得到了完美体现。这个趋势，毫无疑问，未来的考试还会继续。

第三节　2019年主观题试卷第一题及其解析

一、题目

（本题38分）

材料一：全面依法治国是一个系统工程，必须统筹兼顾、把握重点、整体谋划，更加注重系统性、整体性、协同性。依法治国、依法执政、依法行政是一个有机整体，关键在于党要坚持依法执政、各级政府要坚持依法行政。法治国家、法治政府、法治社会三者各有侧重、相辅相成，法治国家是法治建设的目标，法治政府是建设法治国家的主体，法治社会是构筑法治国家的基础。要善于运用制度和法律治理国家，提高党科学执政、民主执政、依法执政水平。

——2018年8月24日习近平《在中央全面依法治国委员会第一次会议上的讲话》

材料二：依法治国是我国宪法确定的治理国家的基本方略，而能不能做到依法治国，关键在于党能不能坚持依法执政，各级政府能不能依法行政。我们要增强依法执政意识，坚持以法治的理念、法治的体制、法治的程序开展工作，改进党的领导方式和执政方式，推进依法执政制度化、规范化、程序化。执法是行政机关履行政府职能、管理经济社会事务的主要方式，各级政府必须依法全面履行职能，坚持法定职责必须为、法无授权不可为，健全依法决策机制，完善执法程序，严格执法责任，做到严格规范公正文明执法。

——《习近平谈治国理政》（第二卷）

材料三：深化党和国家机构改革，目标是构建系统完备、科学规范、运行高效的党和国家机构职能体系，形成总揽全局、协调各方的党的领导体系，职责明确、依法行政的政府治理体系……全面提高国家治理能力和治理水平。

——《中共中央关于深化党和国家机构改革的决定》

问题：

根据材料，结合你对深化党和国家机构改革的认识，谈谈建设法治政府对全面依法治国的重要意义以及新时代法治政府建设的根本遵循。

答题要求：

1. 观点正确，表述完整、准确；
2. 无观点或论述，照搬材料原文的不得分；
3. 不少于600字。

二、审问题

本题为3.2版本的问题结构："根据以上材料，结合A，谈B对C的意义，以及B的根本遵循"。可能涉及的采分点为A、C、B对C的意义、B的根本遵循。

搞清楚问题结构后，我们还需要仔细研究题干，以找到命题人设置的采分点。

题干的第一部分"根据材料"，这意味着，我们的答案不能是凭空得来的，而应当是结合自己掌握的基本知识，通过对材料的分析，从材料中得出来的，即我们的答案必须要结合材料才会有材料相关的分数。事实上，就近几年的论述题分析，"材料即答案"的命题趋势非常明显，"用到了材料，阅卷人就会给你材料相应的分数"，这只是现在论述题的最低要求。分析近几年的真题就可以发现，如果不用材料，甚至很难完成文章的写作。即使考生勉强完成写作，也可能会陷入"假大空"、不着边际的尴尬境地。所以，考生一定要记住，对材料绝不能浅尝辄止，必须认真研读，深思熟虑，不放过任何一点可能和采分点有关的内容。总之，考生务必重视材料对于论述题写作的重要意义。

题干的第二部分"结合你对深化党和国家机构改革的认识"，这是采分点一。采分点一要求我们必须答出自己对"深化党和国家机构改革”的认识。

题干的第三部分“谈建设法治政府对全面依法治国的重要意义以及新时代法治政府建设的根本遵循”，这里实际上有三个采分点，采分点二是“全面依法治国”的概念，采分点三是“建设法治政府对全面依法治国的重要意义”，采分点四是“新时代法治政府建设的根本遵循”。

三、审答题要求

答题要求 1“观点正确，表述完整、准确”，此处所谓“观点正确”意味着有明确的参考答案，否则以何认定“正确”；“表述完整”意味着答案不能有遗漏，换句话说，宁多勿少，因为，表述不完整，答案有遗漏，一定会扣分，但是答案写多了，不会扣分；“文字通顺”，这是基本功，形式分，考生在此点上丢分就非常可惜了。

答题要求 2“无观点或论述，照搬材料原文的不得分”，此处说明：第一，必须有观点；第二，观点是从材料中推理出来的；第三，在有观点或者论述的情况下，可以照搬材料。

答题要求 3“总字数不得少于 600 字”，意味着字数上也有明确的分值，考生应当在答题时满足此要求。但字数也不宜太多，总之，关于字数把握住趋近原则。本题的答题字数和过去的司法考试时代真题相比，也有一定的变化，2017 年考题要求的是不少于 500 字。这个字数变化，最重要的原因是本题的分值由 22 分上升到了 38 分。

四、分析材料和采分点

必须坚信，采分点彼此之间都是有必然联系的，采分点和材料之间一定是有必然联系的，材料之间一定是有必然联系的，材料一定是通过采分点联系在一起的。我们分析采分点的目的，就是找到这些联系。找到这些联系的办法：第一是对习近平法治思想基本内容的熟悉；第二是对基本法治思维的运用；第三是想尽一切办法让采分点彼此之间靠；第四是想尽一切办法让采分点和材料彼此之间靠。

正如宋老师在前面所说，材料对论述题的写作，有着非常重要的基础作用。考生务必带着采分点的关键字反复认真研读材料，从形式和内容两方面积极寻找和采分点有关的材料。

1. 分析材料

（1）分析材料一

材料一的第一句话和第二句话，“全面依法治国是一个系统工程，必须统筹兼顾、把握重点、整体谋划，更加注重系统性、整体性、协同性。依法治国、依法执政、依法行政是一个有机整体，关键在于党要坚持依法执政、各级政府要坚持依法行政。”显然和采分点“全面依法治国”有关，“依法治国、依法执政、依法行政”这几个词，已经足以让我们想到全面依法治国的概念的写法了。宋老师在本书前面有专门论述“怎么答全面依法治国的概念”，考生一定记得，围绕全面依法治国的总目标来写，但并不是写全面依法治国的总目标，而是结合问题和材料的内容分析，挑选其中的一部分写。问题中的采分点“法治政府”，材料中的“依法治国、依法执政、依法行政”，当然就让我们意识到，应当写法治国家的有关内容，即“三个共同推进”“三个一体建设”“国家治理体系和治理能力现代化”的有关内容。而材料一的第三句话中“法治国家、法治政府、法治社会”则让我们更加确定无疑，已经找到了采分点“全面依法治国”的写法。

材料一的内容不仅和采分点“全面依法治国”有关，还和“建设法治政府对全面依法治国的重要意义”有关。材料一的第三句话就明确提到了采分点“建设法治政府对全面依法治国的重要意义”中的关键字：“法治政府”。材料一的第二句话虽然没有直接提及“法治政府”，但是，“依法行政”四个字，已经足以让我们认识到这句话与法治政府有关，毕竟，依法行政的主体是政府。材料一实际上还为我们提供了采分点“建设法治政府对全面依法治国的重要意义”的有关内容。建设法治政府对全面依法治国的意义在哪里？“能不能做好依法治国，关键在于各级政府能不能做到依法行政”；全面依法治国要求建设法治国家，而“法治政府是建设法治国家的主体”。这些，不都是建设法治政府对全面依法治国的重要意义吗？我们在材料一中至少能找到建设法治政府对全面依法治国的两个重要意义。

（2）分析材料二

第一句话显然和采分点“全面依法治国”以及采分点“建设法治政府对全面依法治国的重要意义”有关。

材料二的第二句话，直接和采分点“对深化党和国家机构改革的认识”有关，但如果考生熟悉习近平法治思想的有关内容，就可以发现，只要改动一个字，就和采分点“新时代法治政府建设的根本遵循”有关，这些内容就能为这个采分点所用了。比如，这句话可以改写为：“我们要增强依法行政意识，坚持以法治的理念、法治的体制、法治的程序开展工作，改进政府执法方式，推进依法行政制度化、规范化、程序化。”这不就成为采分点“新时代法治政府建设的根本遵循”的内容了吗？所谓“根本遵循”，不就是我们应当怎么做的基本原则和方针吗？

材料二的第三句话谈的是执法问题，前半句话“执法是行政机关履行政府职能、管理经济社会事务的主要方式”当然和采分点“建设法治政府对全面依法治国的重要意义”有关。全面依法治国要求严格执法，为什么？因为执法是行政机关履行政府职能、管理经济社会事务的主要方式，为了严格执法，当然要加强法治政府的建设。这不就是建设法治政府对全面依法治国的重要意义吗？第三句话的后半句，“各级政府必须依法全面履行职能，坚持法定职责必须为、法无授权不可为，健全依法决策机制，完善执法程序，严格执法责任，做到严格规范公正文明执法。”当然就是采分点“新时代法治政府建设的根本遵循”的内容了。

（3）分析材料三

很明显，材料三就一句话，讲的是深化党和国家机构改革的目标，显然直接和采分点“对深化党和国家机构改革的认识”有关。毕竟，我们认识某一方案，目标是必备要素。但是，大家还应当看出来材料三和另外两个采分点“全面依法治国”“建设法治政府对全面依法治国的重要意义”之间的关系。

从哪里看？

其一，材料三中的“全面提高国家治理能力和治理水平”和采分点“全面依法治国”有关，还记得全面依法治国概念的最后一句话吗？“推进国家治理体系和治理能力现代化”。那么，由“国家治理能力”引出的两个采分点之间的关系到底是什么呢？深化党和国家机构改革有助于提高国家治理能力，而全面依法治国要求“推进国家治理体系和治理能力现代化”，显然，深化党和国家机构改革，有助于全面依法治国的实现，这不就是两个采分点之间的关系吗？

其二，材料三中的“依法行政的政府治理体系”和采分点“建设法治政府对全面依法治国的重要意义”有关，关系在哪里？建设法治政府其实就是要形成“依法行政的政府治理体系”，那么，“建设法治政府”就是“深化党和国家机构改革”的应有之义。各个采分点的关键字之间的联系不就找到了吗？

考点可以发现，只要仔细审读材料，那么，各个采分点的内容和彼此之间的联系，就能找个大半，这就是宋老师提出来的“材料即答案”的命题趋势的重要意义。而且，有些内容，就放心大胆地去抄，比如说深化党和国家机构改革的目标，这是中央定下来的目标，作为考生，你敢篡改吗？考生需要做的就是掌握好习近平法治思想的基本知识，准确判断材料和采分点之间的联系。

另外，材料三的内容实际上来自中共中央十九届三中全会通过的《中共中央关于深化党和国家机构改革的决定》。这是一个非常明确的信号，即论述题考查的范围越来越贴近最新时事。

2. 分析采分点

（1）分析采分点一

采分点一“对深化党和国家机构改革的认识”。可能有的考生会说，老师，这个采分点涉及十九届三中全会通过的《中共中央关于深化党和国家机构改革的决定》。问题是，我是一名应届生，这个文件我没学过，而且，教材里也没有这方面的内容，这不是超纲了吗？这种想法是完全错误的。考生一定要注意，习近平法治思想的基本内容脱胎于2014年10月中共中央十八届四中全会通过的《中共中央关于全面推进依法治国若干重大问题的决定》。《中共中央关于全面推进依法治国若干重大问题的决定》进行顶层设计，全面规划了我国依法治国的基本蓝图，是我国全面依法治国进程的一个纲领性文件。中共中央此后的历次全会，凡涉及全面依法治国的论述，均是以《中共中央关于全面推进依法治国若干重大问题的决定》为基础。以中共中央十九届三中全会通过的《中共中央关于深化党和国家机构改革的决定》为例，其中明确提出，深化党和国家机构改革，必须坚持全面依法治国。所以，考查《中共中央关于深化党和国家机构改革的决定》，在内容上并未超纲。而且，《中共中央关于深化党和国家机构改革的决定》的内容是作为材料出现的，对这个材料的解读，考生需要的是习近平法治思想知识和基本的法治思维。实际上，2018 年的论述题同样也考查了十九大报告。这其实反映了宋老师一直强调的“法律为政治服务”的论述题命题思路。即使考查考生未见过的材料，也不要害怕，要始终记住，论述题的材料一定是和全面依法治国有关的，一定是为法治思想服务的。考生需要做的就是，以自己掌握的习近平法治思想知识和基本的法治思维去分析研究材料，让材料“为我所用”。

以材料三为例，给出的内容是深化党和国家机构改革的目标。那么，这个目标和采分点“对深化党和国家机构改革的认识”有什么关联呢？我们应当怎么认识？“认识”本身是一个很抽象的词汇，我们到底要谈哪些方面？

有考生认为，谈对深化党和国家机构改革的认识，应当先谈党的机构改革，再谈国家机构改革，分别对之进行论述，可以吗？完全没必要。这么宏大的一个命题，只是 2019 年论述题的一个采分点，分值有限，你不能展开谈。否则，你谈国家机构改革，要不要进一步细分，再分别去谈全国人大、国务院、监察委、最高法和最高检，那就没有边了，你洋洋洒洒几千上万个字都挡不住。怎么办？

考生务必牢记宋老师在课堂上一直强调的“考宏观不考微观”“务虚不务实”的命题思路。我们写这个采分点，谈“认识”，必须从整体上、最宏观的角度谈。宏观上谈，无非就是有什么重大意义、以什么理论为指导、原则上应当怎么办、要实现的目标等等。材料三谈的就是目标，当然就可以为考生所用。但是，正如宋老师在前面的分析，材料三谈的目标是中央定下来的目标，我们一个字也不能改。但是，“答题要求”又说了，“照抄材料原文的不得分”，怎么办？实际上，本题的材料，大家照抄，问题不大。但是，要注意，宋老师所说的“照抄”不是把材料三的内容单独做一段拿出来，而是把材料三的内容作为我们写的“认识”的一部分内容，比如写了意义，写了指导理论，写了怎么办，再写目标，这是没有问题的。当然，如果考生实在不放心，也可以稍微改写一下，材料说的是“深化党和国家机构改革，目标是……”我们写“通过深化党和国家机构改革，构建……”就没问题了。

再来谈谈深化党和国家机构改革的重大意义。听过宋老师课程的考生，这句话应该是轻车熟路，我们可以写“深化党和国家机构改革是新时代中国特色社会主义的必由之路”，也可以写“深化党和国家机构改革是全面依法治国的内在要求”，还可以写“深化党和国家机构改革是实现国家治理体系和治理能力现代化的必然要求”等等，一句话点出即可，毕竟不是专门谈意义。

再来谈谈用什么理论指导。学过习近平法治思想的都应当知道,“在马克思列宁主义、毛泽东思想、邓小平理论、‘三个代表’重要思想、科学发展观、习近平新时代中国特色社会主义思想指引下”，这是现行宪法序言的原文，也是党的各个文件的必备。

再来谈谈原则上应当怎么办。注意，一定是原则上应当怎么办，而不是具体怎么办，记住，“考宏观不考微观”。原则上怎么办，不就是基本原则吗？想到基本原则，大家立刻就应当想起来全面依法治国的五条基本原则，“坚持党的领导、坚持人民主体地位、坚持法律面前人人平等、坚持依法治国和以德治国相结合、坚持从中国实际出发”。写这五条原则当然错不了，也必须有分数。但是，宋老师并没有全写这五条基本原则，因为，还有一个采分点“新时代法治政府建设的根本遵循”需要写。宋老师这样安排，原因不在于知识点本身，而完全是答题策略的需要，如果在后续的采分点再写一遍五条基本原则，就显得重复了。五条原则中，宋老师挑选了两条原则，然后重点论述了与“改革”有关的内容。为什么谈改革？“在法治下推动改革，在改革中完善法治”。

事实上,《中共中央关于深化党和国家机构改革的决定》中的基本原则和宋老师写出来的基本原则几乎差不多。

谈完了怎么办,最后谈得当然就是要实现的目标了。就这样,宋老师写完了采分点“对深化党和国家机构改革的认识”:

“深化党和国家机构改革是推进国家治理体系和治理能力现代化的一场深刻变革。深化党和国家机构改革,必须坚持以马克思列宁主义、毛泽东思想、邓小平理论、‘三个代表’重要思想、科学发展观、习近平新时代中国特色社会主义思想为指导,坚持党的领导,坚持人民主体地位,坚持改革和法治相统一。在法治下推进改革,做到重大改革于法有据,通过改革完善党和国家机构各方面制度,构建系统完备、科学规范、运行高效的党和国家机构职能体系,形成总揽全局、协调各方的党的领导体系,职责明确、依法行政的政府治理体系,全面提高国家治理能力和治理水平,为全面依法治国夯实制度基础。”

(2)分析采分点二

采分点二是“全面依法治国”的概念。这个采分点,宋老师在课堂上讲得非常透了,要从总目标入手。无论是材料,还是问题本身,都是和法治国家有关,因此,采分点“全面依法治国”,宋老师是这样写的:

“全面依法治国是国家治理领域的一场深刻革命。全面依法治国要求建设中国特色社会主义法治体系,建设社会主义法治国家。这就是,在中国共产党领导下,坚持中国特色社会主义制度,贯彻中国特色社会主义法治理论,坚持依法治国、依法执政、依法行政共同推进,坚持法治国家、法治政府、法治社会一体建设,实现科学立法、严格执法、公正司法、全民守法,促进国家治理体系和治理能力现代化。”

(3)分析采分点三

采分点三是“建设法治政府对全面依法治国的重要意义”。建设法治政府对全面依法治国的重要意义,只要考生能写出全面依法治国的概念,结合材料一和材料二的内容,就已经出来了。全面依法治国要求“建设社会主义法治国家”,必须做到“依法治国、依法执政、依法行政共同推进”,材料二的“依法治国、依法执政、依法行政是一个有机整体,关键在于党要坚持依法执政、各级政府要坚持依法行政。”谈的正是依法行政对依法治国的意义。全面依法治国必须做到“法治国家、法治政府、法治社会一体建设”，材料一的“法治国家是法治建设的目标，法治政府是建设法治国家的主体，法治社会是构筑法治国家的基础。”谈的是法治政府对法治国家的意义。全面依法治国必须做到“严格执法”，只有法治政府建设到位，才能实现严格执法，这又是建设法治政府对全面依法治国的意义。围绕全面依法治国的概念，建设法治政府对全面依法治国的重要意义就已经出来了。这三方面的意义找到，这个采分点就没问题了。注意，考生在写作论述题时，谈意义、谈理解、谈认识、论证某个观点，至少要有三个方面。为什么？这是由中国传统文化所决定的，在中国，一不是多，二也不是多，三才是多。论证时，一太单薄，二太骨感，三才丰满。

采分点三“建设法治政府对全面依法治国的重要意义”，宋老师是这样写的：

“建设法治政府对于全面依法治国具有重要意义。首先，全面依法治国要求建设法治国家，法治政府是建设法治国家的主体，能不能做到全面依法治国，法治政府的建设是关键。其次，全面依法治国必须坚持依法治国、依法执政、依法行政共同推进。而能不能做到全面依法治国，关键在于各级政府能不能依法行政，依法行政要求大力建设法治政府。最后，全面依法治国要求严格执法，执法是各级政府履行职能、管理经济社会事务的主要方式，实现严格执法必须大力建设法治政府。”

（4）分析采分点四

采分点四是“新时代法治政府建设的根本遵循”。这个采分点，在2019年主观题考试刚结束时，发生了一段很有意思的小故事。当时有人认为，法治政府建设的根本遵循是“中国特色社会主义道路、理论体系、制度”，必须按照这三个点来答题，其他答题方式都是错误的，没有分数。其依据是《中共中央关于全面推进依法治国若干重大问题的决定》中的一句话，“中国特色社会主义道路、理论体系、制度是全面推进依法治国的根本遵循”。此说法一出，令很多考生恐慌不已，纷纷到宋老师微博下留言求证。宋老师一看此说法，就知道此人显然对中央各项政策文件吃得不透，对习近平法治思想的理解不够深刻，犯了“教条主义”的错误。

首先，如果仅凭“中国特色社会主义道路、理论体系、制度是全面推进依法治国的根本遵循”这句话，就能认定“建设法治政府的根本遵循”，那么，习近平同志 2018 年 8 月 24 日在中央全面依法治国委员会第一次会议上明确提出“这些新理念新思想新战略（宋老师注：十个坚持），是马克思主义法治思想中国化的最新成果，是全面依法治国的根本遵循，必须长期坚持、不断丰富发展。”这里的“根本遵循”又该怎么解释呢？

其次，如果只有回答“中国特色社会主义道路、理论体系、制度”才能得分，那么，考生回答“十一个坚持”的内容；回答“党的领导、人民当家作主、依法治国三者有机统一”；回答“坚持党的领导，坚持人民当家作主，坚持从中国实际出发”等全面依法治国的基本原则，就得不了分。这是真的吗？实际上，只要稍稍掌握习近平法治思想（原中国特色社会主义法治理论）基本知识的人都知道，社会主义道路、理论体系、制度，具有非常丰富的内涵，其基本内容是必然包含党的领导、人民当家作主、依法治国这些内容在内的。所以，宋老师才回复考生“放心吧，肯定有分数，这道题，你想写跑题都困难”。当然，官方公布成绩之后考生的复盘也证明了宋老师的观点。

实际上，采分点“新时代法治政府建设的根本遵循”中的这个“根本遵循”在中央政策和文件中曾经多次出现，其并无特定含义，中央有关的各种论述也并未就“……的根本遵循”专门进行深入阐释。因此，采分点“新时代法治政府建设的根本遵循”中的“根本遵循”也不应当有什么特定含义，我们只需要按照通常含义理解即可。《现代汉语词典》解释“遵循”有遵照、遵守、遵从的意思。所以，采分点“新时代法治政府建设的根本遵循”，简单地说，就是建设法治政府，我们要遵守什么样的规范。如果我们再考虑到论述题“考宏观不考微观”的特点，答题方向就已经出来了：“建设法治政府要遵守哪些基本原则”。

看到基本原则，相信很多考生立刻就能想到全面依法治国的基本原则，没错，这就是答题要点。《法治政府建设实施纲要（2015—2020年）》是这样写的：

“建设法治政府必须坚持中国共产党的领导，坚持人民主体地位，坚持法律面前人人平等，坚持依法治国和以德治国相结合，坚持从中国实际出发，坚持依宪施政、依法行政、简政放权，把政府工作全面纳入法治轨道，实行法治政府建设与创新政府、廉洁政府、服务型政府建设相结合。”

那么，回答“十一个坚持”可以吗？当然没问题，“十一个坚持”和全面依法治国的基本原则，内容重合度是多么的高啊，具体内容，考生可以翻看本书后续的理论总结。同样，“党的领导、人民当家作主、依法治国三者有机统一”，其内容与全面依法治国的基本原则内容重合度也非常高。这也正是宋老师一直说“这道题，写跑题，比不跑题，要难得多”的原因所在。当然，我们在写这些内容的时候，还必须要结合建设法治政府，就像前引《法治政府建设实施纲要（2015—2020年）》里的内容。怎么增加呢？增加宋老师上课一直要求大家必须背下来的习近平法治思想“本书第二编第二章第八节严格执法”的有关内容。

如果你实在记不住这些内容，还有材料二的内容：“坚持以法治的理念、法治的体制、法治的程序开展工作，改进党的领导方式和执政方式，推进依法执政制度化、规范化、程序化。”把“依法执政”改成“依法行政”不就是法治政府建设的根本遵循吗？“坚持法定职责必须为，法无授权不可为。健全依法决策机制，完善执法程序，严格执法责任，做到严格规范公正文明执法。”这些话，甚至一个字都不用改，就是法治政府建设的根本遵循。

采分点“新时代法治政府建设的根本遵循”，宋老师是这样写的：

“新时代法治政府建设的根本遵循在于，坚持以马克思列宁主义、毛泽东思想、邓小平理论、‘三个代表’重要思想、科学发展观、习近平新时代中国特色社会主义思想为指导，坚持中国共产党的领导，坚持人民主体地位，坚持法律面前人人平等，坚持依法治国和以德治国相结合，坚持从中国实际出发，坚持法定职责必须为，法无授权不可为。在法治轨道上开展工作，创新执法体制，完善执法程序，推进综合执法，严格执法责任，建立权责统一、权威高效的依法行政体制，加快建设职能科学、权责法定、执法严明、公开公正、廉洁高效、守法诚信的法治政府。”

五、谋篇布局

按照“n+2”的写作框架，本题我们应当写六段：四个采分点每一个单独成段。采分点一“对深化党和国家机构改革的认识”单独成段，采分点二“全面依法治国”单独成段，采分点三“建设法治政府对全面依法治国的重要意义”单独成段，采分点四“新时代法治政府建设的根本遵循”单独成段，再加上观点一段，总结一段，一共六段即可。

1. 观点部分的写作

首先，观点句必须包括所有采分点的关键字：“深化党和国家机构改革”“全面依法治国”“建设法治政府”等。其次，观点句不是这些关键字的简单堆砌，还必须梳理清楚这些关键字之间的关系。再次，之前的分析，已经梳理清了采分点之间的关系，深化党和国家机构改革是全面依法治国的应有之义，全面依法治国要求必须建设法治政府。最后，用不超过两句话表达出来。

观点句宋老师是这样写的：

“全面依法治国是中国特色社会主义的本质要求和重要保障。深化党和国家机构改革，加快建设法治政府，是全面依法治国的应有之义。”

2. 采分点一的写作

理解清楚从意义、指导思想、基本原则、实现目标等方面回答对深化党和国家机构的认识即可。前面已有分析，不再赘述。宋老师是这样写的：

“深化党和国家机构改革是推进国家治理体系和治理能力现代化的一场深刻变革。深化党和国家机构改革，必须坚持以马克思列宁主义、毛泽东思想、邓小平理论、‘三个代表’重要思想、科学发展观、习近平新时代中国特色社会主义思想为指导，坚持党的领导，坚持人民主体地位，坚持改革和法治相统一。在法治下推进改革，做到重大改革于法有据，通过改革完善党和国家机构各方面制度，构建系统完备、科学规范、运行高效的党和国家机构职能体系，形成总揽全局、协调各方的党的领导体系，职责明确、依法行政的政府治理体系，全面提高国家治理能力和治理水平，为全面依法治国夯实制度基础。”

3. 采分点二的写作

围绕法治国家答出全面依法治国的概念即可，前面已有分析，不再赘述。宋老师是这样写的：

“全面依法治国是国家治理领域的一场深刻革命。全面依法治国要求建设中国特色社会主义法治体系，建设社会主义法治国家。这就是，在中国共产党领导下，坚持中国特色社会主义制度，贯彻中国特色社会主义法治理论，坚持依法治国、依法执政、依法行政共同推进，坚持法治国家、法治政府、法治社会一体建设，实现科学立法、严格执法、公正司法、全民守法，促进国家治理体系和治理能力现代化。”

4. 采分点三的写作

理解清楚建设法治政府是全面依法治国的要求，围绕全面依法治国概念中的“三个共同推进”“三个一体建设”“严格执法”三个方面写作即可。前面已有分析，不再赘述。宋老师是这样写的：

“建设法治政府对于全面依法治国具有重要意义。首先，全面依法治国要求建设法治国家，法治政府是建设法治国家的主体，能不能做到全面依法治国，法治政府的建设是关键。其次，全面依法治国必须坚持依法治国、依法执政、依法行政共同推进。而能不能做到全面依法治国，关键在于各级政府能不能依法行政，依法行政要求大力建设法治政府。最后，全面依法治国要求严格执法，执法是各级政府履行职能、管理经济社会事务的主要方式，实现严格执法必须大力建设法治政府。”

5. 采分点四的写作

理解清楚根本遵循的含义，可以从各个方面去写，前面已有详尽分析，不再赘述。宋老师是这样写的：

“新时代法治政府建设的根本遵循在于，坚持以马克思列宁主义、毛泽东思想、邓小平理论、‘三个代表’重要思想、科学发展观、习近平新时代中国特色社会主义思想为指导，坚持中国共产党的领导，坚持人民主体地位，坚持法律面前人人平等，坚持依法治国和以德治国相结合，坚持从中国实际出发，坚持法定职责必须为，法无授权不可为。在法治轨道上开展工作，创新执法体制，完善执法程序，推进综合执法，严格执法责任，建立权责统一、权威高效的依法行政体制，加快建设职能科学、权责法定、执法严明、公开公正、廉洁高效、守法诚信的法治政府。”

6. 总结部分的写作

总结部分要求首尾呼应，首先对全文观点进行总结，其次要对文章立意进行适当拔高。总结部分也必须包含所有采分点的关键字。宋老师是这样写的：

“总之，全面依法治国，必须深化党和国家机构改革，加快建设法治政府，为实现‘两个一百年’奋斗目标、建设社会主义现代化国家、实现中华民族伟大复兴提供有力的制度保障。”

最后再一组合，答案就出来了。

六、参考答案

全面依法治国是中国特色社会主义的本质要求和重要保障。深化党和国家机构改革，加快建设法治政府，是全面依法治国的应有之义。

深化党和国家机构改革是推进国家治理体系和治理能力现代化的一场深刻变革。深化党和国家机构改革，必须坚持以马克思列宁主义、毛泽东思想、邓小平理论、“三个代表”重要思想、科学发展观、习近平新时代中国特色社会主义思想为指导，坚持党的领导，坚持人民主体地位，坚持改革和法治相统一。在法治下推进改革，做到重大改革于法有据，通过改革完善党和国家机构各方面制度，构建系统完备、科学规范、运行高效的党和国家机构职能体系，形成总揽全局、协调各方的党的领导体系，职责明确、依法行政的政府治理体系，全面提高国家治理能力和治理水平，为全面依法治国夯实制度基础。

全面依法治国是国家治理领域的一场深刻革命。全面依法治国要求建设中国特色社会主义法治体系，建设社会主义法治国家。这就是，在中国共产党领导下，坚持中国特色社会主义制度，贯彻中国特色社会主义法治理论，坚持依法治国、依法执政、依法行政共同推进，坚持法治国家、法治政府、法治社会一体建设，实现科学立法、严格执法、公正司法、全民守法，促进国家治理体系和治理能力现代化。

建设法治政府对于全面依法治国具有重要意义。首先，全面依法治国要求建设法治国家，法治政府是建设法治国家的主体，能不能做到全面依法治国，法治政府的建设是关键。其次，全面依法治国必须坚持依法治国、依法执政、依法行政共同推进。而能不能做到全面依法治国，关键在于各级政府能不能依法行政，依法行政要求大力建设法治政府。最后，全面依法治国要求严格执法，执法是各级政府履行职能、管理经济社会事务的主要方式，实现严格执法必须大力建设法治政府。

新时代法治政府建设的根本遵循在于，坚持以马克思列宁主义、毛泽东思想、邓小平理论、“三个代表”重要思想、科学发展观、习近平新时代中国特色社会主义思想为指导，坚持中国共产党的领导，坚持人民主体地位，坚持法律面前人人平等，坚持依法治国和以德治国相结合，坚持从中国实际出发，坚持法定职责必须为，法无授权不可为。在法治轨道上开展工作，创新执法体制，完善执法程序，推进综合执法，严格执法责任，建立权责统一、权威高效的依法行政体制，加快建设职能科学、权责法定、执法严明、公开公正、廉洁高效、守法诚信的法治政府。

总之，全面依法治国，必须深化党和国家机构改革，加快建设法治政府，为实现“两个一百年”奋斗目标、建设社会主义现代化国家、实现中华民族伟大复兴提供有力的制度保障。

七、对本题的点评

本题完全贯彻宋老师提出的“材料即答案”“考宏观不考微观”“务虚不务实”的命题思路，因此，在梳理清楚四个采分点“对深化党和国家机构改革的认识”“全面依法治国”“建设法治政府对全面依法治国的重要意义”“新时代法治政府建设的根本遵循”之间的关系的基础之上，充分利用好材料，再加上考生储备的相关理论知识，从不同的角度去答题，完全没有问题。有考生曾经在微博留言，担心自己跑题，看到这个留言，宋老师默默地笑了，只要你熟悉习近平法治思想的基本知识，这道题跑题比不跑题，要难太多了。

四个采分点：“对深化党和国家机构改革的认识”“全面依法治国”“建设法治政府对全面依法治国的重要意义”“新时代法治政府建设的根本遵循”。考生感到陌生的可能就是“对深化党和国家机构改革的认识”，但只要考生能够理解清楚习近平法治思想在国家制度建设上的纲领和蓝图性质，就知道，“深化党和国家机构改革”其实就是习近平法治思想内容的细化，就是全面依法治国的一部分。即使考生不理解习近平法治思想在国家制度上的蓝图作用，从考试技术层面分析，只要你明白考查的学科是习近平法治思想，就应当把握住“深化党和国家机构改革”和全面依法治国的关系。也就是说，回答认识的时候，从全面依法治国的基本原则展开论述是错不了的。

采分点“全面依法治国”是纯粹需要记忆的内容，听过宋老师课程的同学肯定不成问题，宋老师都已经总结得非常详细了，不就是“两个建设”“三个共同推进”“三个一体建设”“十六字方针”的组合吗?

采分点“建设法治政府对全面依法治国的重要意义”，只要理解清楚“严格执法”是全面依法治国的应有之义，结合概念和材料，也就答出来了。

至于“新时代法治政府建设的根本遵循”这个采分点，只要你能够理解清楚“根本遵循”的通常含义，围绕全面依法治国的基本原则回答，围绕“严格执法”的内容回答，同样错不了。

总体上，各个采分点涉及的内容都非常的“大”，非常宏观，完全体现了宋老师一直说的“考宏观不考微观”“务虚不务实”的命题思路，这也导致本题答案并不唯一。考生如果掌握了习近平法治思想的基本知识，结合材料的相关内容，按照宋老师教的答题方法答题，只要用语规范，文字通顺，就有可能获得相当不错的分数。

再说说材料，本题的材料比以往任何一年真题的材料都更能体现宋老师所说的“材料即答案”。材料的内容，几乎90%都可以为考生所用，只要考生能够围绕采分点，用自己掌握的习近平法治思想基本思维对材料进行分析，50分钟之内写出一篇不少于600字的文章是不成问题的。实际上，成绩出来之后，有不少考生在宋老师微博下留言介绍经验时，就强调，“35分钟左右写完论述题，给刑法等案例分析题留下了充足的时间”是通过的关键。甚至有考生说“材料即答案，太管用了，第一题我只是抄了抄材料，没想到真的能通过”。

总之，2019年的论述题难度要低于往年，秉持“考宏观不考微观”“务虚不务实”“材料即答案”的命题思路，重点考查考生的基本法治思维和阅读理解能力，而非死记硬背和僵硬的教条思维，完全贯彻了国家要求的“领会中央意图，与中央保持一致”的考查方针。未来的考试，这个考查趋势无疑还将继续。

第四节　2020年新疆延考试卷第一题及其解析

一、题目

（本题32分）

材料一：在各方面共同努力下，经过5年多工作，民法典终于颁布实施，实现了几代人的夙愿。民法典在中国特色社会主义法律体系中具有重要地位，是一部固根本、稳预期、利长远的基础性法律，对推进全面依法治国、加快建设社会主义法治国家，对发展社会主义市场经济、巩固社会主义基本经济制度，对坚持以人民为中心的发展思想、依法维护人民权益、推动我国人权事业发展，对推进国家治理体系和治理能力现代化，都具有重大意义。

——习近平《充分认识颁布实施民法典重大意义依法更好保障人民合法权益》

材料二：民法是中国特色社会主义法律体系的重要组成部分，是民事领域的基础性、综合性法律，它规范各类民事主体的各种人身关系和财产关系，涉及社会和经济生活的方方面面，被称为“社会生活的百科全书”。建立健全完备的法律规范体系，以良法保障善治，是全面依法治国的前提和基础。民法通过确立民事主体、民事权利、民事法律行为、民事责任等民事总则制度，确立物权、合同、人格权、婚姻家庭、继承、侵权责任等民事分则制度，来调整各类民事关系。民法与国家其他领域法律规范一起，支撑着国家制度和国家治理体系，是保证国家制度和国家治理体系正常有效运行的基础性法律规范。编纂民法典，就是全面总结我国的民事立法和司法的实践经验，对现行民事单行法律进行系统编订纂修，将相关民事法律规范编纂成一部综合性法典，不断健全完善中国特色社会主义法律体系。

——关于《中华人民共和国民法典（草案）》的说明

问题：

结合材料，根据颁布实施民法典的现实意义，谈谈你对坚持和完善中国特色社会主义法治体系的认识和理解。

答题要求：

1. 观点正确，表述完整、准确；
2. 无观点或论述，照搬材料原文的不得分；
3. 不少于600字。

二、审问题

本题本质上还是2.0版本的问题结构：结合材料，根据A谈你对B的理解和认识，涉及采分点为A、B，采分点B可以细化为B1和B2两个采分点。

搞清楚问题结构后，我们还需要仔细研究题干，以找到命题人要求的采分点。

本题在问题结构上，是2.0版，即“结合材料，根据A，谈谈你对坚持和完善B的认识和理解”。A是“颁布实施民法典的现实意义”，B是“中国特色社会主义法治体系”。

题干的第一部分“结合材料”，这意味着，我们的答案不能是凭空得来的，而应当是结合自己掌握的基本知识，通过对材料的分析，从材料中得出来的。也即，我们的答案必须要结合材料才会有材料相关的分数。事实上，就近几年的论述题分析，“材料即答案”的命题趋势非常明显，分析近几年的真题就可以发现，如果不用材料，你甚至很难完成文章的写作。即使考生勉强完成写作，也可能会沦为“假大空”、不着边际的尴尬境地。所以，考生一定要记住，对材料绝不能浅尝辄止，而必须认真研读，深思熟虑，不放过任何一点可能和采分点有关的内容。也正因为如此，本书不再将材料单独列为采分点，但这绝不代表材料不再重要，相反，正是因为材料对论述题的基础作用，本书才不再将材料作为专门的采分点。总之，考生务必重视材料对于论述题写作的重要意义。

题干的第二部分，“根据颁布实施民法典的现实意义”，这里明显的采分点就是“颁布实施民法典的现实意义”。

题干的第三部分，“谈谈你对坚持和完善中国特色社会主义法治体系的认识和理解”这里实际上有两个采分点，首先是“中国特色社会主义法治体系”的概念，其次，“认识和理解”是很抽象的词汇，我们在前边专门讲过，对理论的“认识和理解”主要是谈内涵、意义和怎么办。

内涵其实就是答概念，而我们在写作概念时，不可避免地要谈到意义。所以，概念和意义作为一个采分点。根据概念本身和问题的采分点，答出概念后，要么对意义一句话点到为止，要么对意义展开来写。本题一方面中国特色社会主义法治体系的概念字数不多，另一方面，谈认识和理解，必须要谈到意义。因此，本题在回答概念和意义时，必须要将意义展开写。“怎么办”，即如何坚持和完善中国特色社会主义法治体系，是一个采分点。所以，综合看来，这里实际上有两个采分点，即中国特色社会主义法治体系的概念和意义、怎么办。

因此，本题一共有三个采分点，采分点一是“颁布实施民法典的现实意义”，采分点二是“中国特色社会主义法治体系的概念和意义”，采分点三是“如何坚持和完善中国特色社会主义法治体系”。

采分点一“颁布实施民法典的现实意义”的关键字有“民法典”等，采分点二、采分点三的关键字是“中国特色社会主义法治体系”“坚持和完善”。我们在审读材料时，必须带着上述关键字，看见这些关键字或者类似的字词涉及的句子，必须将这些句子画出来，以便为我们的写作服务。

三、审答题要求

答题要求 1“观点正确，表述完整、准确”，此处所谓“观点正确”意味着有明确的参考答案，否则以何认定“正确”；“表述完整”意味着答案不能有遗漏，换句话说，宁多勿少，因为，表述不完整，答案有遗漏，一定会扣分，但是答案写多了，不会扣分；“文字通顺”，这是基本功，形式分，考生在此点上丢分就非常可惜了。

答题要求 2“无观点或论述，照搬材料原文的不得分”，此处说明：第一，必须有观点；第二，观点是从材料中推理出来的；第三，在有观点或者论述的情况下，可以照搬材料。

答题要求 3“总字数不得少于 600 字”，意味着字数上也有明确的分值，考生应当在答题时满足此要求。但字数也不宜太多，总之，关于字数把握住趋近原则。

四、分析材料和采分点

必须坚信，采分点彼此之间都是有必然联系的，采分点和材料之间一定是有必然联系的，材料之间一定是有必然联系的，材料一定是通过采分点联系在一起的。我们分析采分点的目的，就是找到这些联系。找到这些联系的办法，第一是对习近平法治思想基本内容的熟悉，第二是对基本法治思维的运用，第三就是想尽一切办法让采分点彼此之间靠，第四是想尽一切办法让采分点和材料彼此之间靠。

正如宋老师在前面所说，材料对论述题的写作，有着非常重要的基础作用。考生务必带着采分点的关键字反复认真研读材料，从形式和内容两方面积极寻找和采分点有关的材料。

1. 分析材料

（1）分析材料一

材料一内容不多，但是完美诠释了“材料即答案”的命题思路。通篇在谈颁布实施民法典的重要意义。材料来自《充分认识颁布实施民法典重大意义 依法更好保障人民合法权益》，直接就点出了材料主题。我们在前文分析过，写意义至少要三条，将材料一的内容简单整合，就会形成框架：第一，对推进全面依法治国、加快建设社会主义法治国家的意义。第二，对发展社会主义市场经济、巩固社会主义基本经济制度的意义。第三，对坚持以人民为中心的发展思想、依法维护人民权益、推动我国人权事业发展的意义。第四，对推进国家治理体系和治理能力现代化的意义。

但是，如果只是写到这个程度，分数是高不了的，因为：第一，有照抄材料的嫌疑，虽然“材料即答案”，但是正如我们在前文的分析，必须围绕采分点对材料进行整合。第二，仅仅只是这些内容，显然在字数上也是不够的，所以，我们必须在这个框架的基础上整合进来更多的内容，要么是我们记忆的知识，要么继续审读其他材料，寻找相关素材。

（2）分析材料二

材料二是关于《中华人民共和国民法典（草案）》的说明，其主要内容显然还是在谈民法典的重要意义。而且，其中很多内容实际上是我们在材料一所形成的意义框架的细化，如“建立健全完备的法律规范体系，以良法保障善治，是全面依法治国的前提和基础”这不就是对推进全面依法治国的意义的细化吗？再比如“它规范各类民事主体的各种人身关系和财产关系，涉及社会和经济生活的方方面面”是对巩固社会主义基本经济制度的意义的细化。“民法与国家其他领域法律规范一起，支撑着国家制度和国家治理体系，是保证国家制度和国家治理体系正常有效运行的基础性法律规范”则是对国家治理体系和治理能力现代化意义的细化。

所以，材料二同样诠释了“材料即答案”的命题思路。只不过，需要我们围绕采分点对两篇材料进行整体上的整合，材料一提供采分点的框架，材料二提供采分点的细节。两篇材料整合在一起，完全足以支撑采分点一“颁布实施民法典的现实意义”的所有内容。

2. 分析采分点

（1）分析采分点一

对于采分点一“颁布实施民法典的现实意义”，2020 年考生的幸运之处在于，宋老师在 2020 年《宋光明讲理论法之主观题冲刺》一书中专门编写过一道训练题，甚至连材料内容和出处都完全一样。宋老师给出的参考范文中采分点“编纂民法典的重要意义”的内容与采分点一的内容完全一致，直接答出来即可。

当然，如果考生没有见过这道训练题，也不必慌张。因为，材料一给出了采分点一的答题框架，材料二则给出了采分点一的答题细节。

综合材料一和材料二，采分点一的写法如下：

“颁布实施民法典的现实意义在于：第一，民法典在中国特色社会主义法律体系中具有重要地位，颁布民法典，将相关民事法律规范编纂成一部综合性法典，有利于完善中国特色社会主义法律体系，更好推进全面依法治国。第二，民法与其他领域法律规范一起，支撑着国家制度和国家治理体系，颁布实施民法典有利于以法治方式推进国家治理体系和治理能力现代化。第三，社会主义市场经济本质上是法治经济。颁布实施民法典，有利于坚持和完善社会主义基本经济制度、推动经济高质量发展。第四，民法规范民事主体的各种人身关系和财产关系，涉及社会和经济生活的方方面面。颁布实施民法典有利于坚持以人民为中心的发展思想、依法维护人民权益、推动我国人权事业发展。”

（2）分析采分点二

采分点二“中国特色社会主义法治体系的概念和意义”的内容，材料给出的线索不多，仅材料二有所涉及。所以，采分点二的回答，需要考生的知识储备。但是，坚持中国特色社会主义法治体系是“十一个坚持”的内容，也是宋老师强调考生必须要记住的内容，宋老师也专门针对此点编写过模拟题。听过课的考生，对此点应该不陌生，中国特色社会主义法治体系的核心是五大体系，记忆小口诀“捡宝石归党”，展开即可。坚持建设中国特色社会主义法治体系是全面依法治国的总体目标，其重要意义，也是考生必须记住的内容。

根据考生的理论储备，采分点二写法如下：

“中国特色社会主义法治体系包括完备的法律规范体系、高效的法治实施体系、严密的法治监督体系、有力的法治保障体系，完善的党内法规体系。坚持和完善中国特色社会主义法治体系，具有以下重要意义：首先，中国特色社会主义法治体系是全面依法治国的总体目标，对全面依法治国具有纲举目张、举旗定向的重要意义。其次，建设中国特色社会主义法治体系是总揽全局、牵引各方的总抓手，全面依法治国的各项工作都要围绕这个总抓手谋划和推进。最后，建设中国特色社会主义法治体系是实现国家治理体系和治理能力现代化的必然要求，有利于在法治轨道上推进国家治理体系和治理能力现代化。”

（3）分析采分点三

采分点三“如何坚持和完善中国特色社会主义法治体系”。材料给出的内容并不多，所以，采分点三的回答，需要考生的知识储备。坚持中国特色社会主义法治体系是“十一个坚持”的内容，也是宋老师强调考生必须要记住的内容。只要考生能够记住中国特色社会主义法治体系“捡宝石归党”，将其展开即可。

根据考生的理论储备，采分点三的写法如下：

“坚持和完善中国特色社会主义法治体系：第一，要加快形成完备的法律规范体系，继续完善以宪法为统帅的中国特色社会主义法律体系，为全面依法治国提供基本遵循。第二，要加快形成高效的法治实施体系，建设执法、司法、守法等方面的体制机制，确保法律的全面有效实施。第三，要加快形成严密的法治监督体系，做到有权必有责、用权受监督、违法必追究，形成科学有效的权力运行制约和监督机制。第四，要加快形成有力的法治保障体系，加强党的领导，为全面依法治国提供政治保障；建设高素质的法治工作队伍，为全面依法治国提供人才保障；改革不利于依法治国的体制机制，为全面依法治国提供制度保障。第五，要加快形成完善的党内法规体系，构建以党章为根本、若干配套党内法规为支撑的党内法规制度体系，提高党内法规执行力。”

五、谋篇布局

按照“n＋2”的写作框架，本题我们应当写五段：三个采分点每一个单独成段，观点一段，总结一段。

1. 观点段的写作

观点段必须包括所有采分点的关键字，即“颁布实施民法典”“坚持和完善中国特色社会主义法治体系”等。

写作采分点的关键是梳理清楚采分点之间的关系。采分点之间的关系，我们在分析材料时已经梳理清楚：颁布实施民法典，有助于中国特色社会主义法律体系的完善，完善中国特色社会主义法律体系，有助于进一步完善中国特色社会主义法治体系。

观点句我们可以这样写：

“民法典在中国特色社会主义法律体系中具有重要地位。颁布实施民法典，有助于中国特色社会主义法律体系的完善，对加快建设中国特色社会主义法治体系，推进国家治理体系和治理能力现代化具有重要意义。”

2. 采分点一“颁布实施民法典的现实意义”的写作

“颁布实施民法典的现实意义在于：第一，民法典在中国特色社会主义法律体系中具有重要地位，颁布民法典，将相关民事法律规范编纂成一部综合性法典，有利于完善中国特色社会主义法律体系，更好推进全面依法治国。第二，民法与其他领域法律规范一起，支撑着国家制度和国家治理体系，颁布实施民法典有利于以法治方式推进国家治理体系和治理能力现代化。第三，社会主义市场经济本质上是法治经济。颁布实施民法典，有利于坚持和完善社会主义基本经济制度、推动经济高质量发展。第四，民法规范民事主体的各种人身关系和财产关系，涉及社会和经济生活的方方面面。颁布实施民法典有利于坚持以人民为中心的发展思想、依法维护人民权益、推动我国人权事业发展。”

3. 采分点二“中国特色社会主义法治体系的概念和意义”的写作

“中国特色社会主义法治体系包括完备的法律规范体系、高效的法治实施体系、严密的法治监督体系、有力的法治保障体系，完善的党内法规体系。坚持和完善中国特色社会主义法治体系，具有以下重要意义：首先，中国特色社会主义法治体系是全面依法治国的总体目标，对全面依法治国具有纲举目张、举旗定向的重要意义。其次，建设中国特色社会主义法治体系是总揽全局、牵引各方的总抓手，全面依法治国的各项工作都要围绕这个总抓手谋划和推进。最后，建设中国特色社会主义法治体系是实现国家治理体系和治理能力现代化的必然要求，有利于在法治轨道上推进国家治理体系和治理能力现代化。”

4. 采分点三“如何坚持和完善中国特色社会主义法治体系”的写作

“坚持和完善中国特色社会主义法治体系：第一，要加快形成完备的法律规范体系，继续完善以宪法为统帅的中国特色社会主义法律体系，为全面依法治国提供基本遵循。第二，要加快形成高效的法治实施体系，建设执法、司法、守法等方面的体制机制，确保法律的全面有效实施。第三，要加快形成严密的法治监督体系，做到有权必有责、用权受监督、违法必追究，形成科学有效的权力运行制约和监督机制。第四，要加快形成有力的法治保障体系，加强党的领导，为全面依法治国提供政治保障；建设高素质的法治工作队伍，为全面依法治国提供人才保障；改革不利于依法治国的体制机制，为全面依法治国提供制度保障。第五，要加快形成完善的党内法规体系，构建以党章为根本、若干配套党内法规为支撑的党内法规制度体系，提高党内法规执行力。”

5. 总结段的写作

总结部分要求首尾呼应，首先对全文观点进行总结，其次要对文章立意进行适当拔高。总结部分也必须包含所有采分点的关键字。可以这样写：

“总之，随着民法典的颁布实施，中国特色社会主义法治体系将进一步完善，法治对国家治理体系和治理能力现代化固根本、稳预期、利长远的作用将更加突出，我国以人民为中心的发展、人权事业的进步必将走上新台阶。”

最后再一组合，答案就出来了。

这里要提醒考生注意，很多考生不会写观点段，往往停留在观点段苦思冥想，浪费大量时间，这是不可取的。可以发现，宋老师的分析思路，实际上是先写完了采分点，然后再写观点段和总结段。这种写作顺序也是符合我们的审题和写作逻辑的。

六、参考答案

民法典在中国特色社会主义法律体系中具有重要地位。颁布实施民法典，有助于中国特色社会主义法律体系的完善，对加快建设中国特色社会主义法治体系，推进国家治理体系和治理能力现代化具有重要意义。

颁布实施民法典的现实意义在于：第一，民法典在中国特色社会主义法律体系中具有重要地位，颁布民法典，将相关民事法律规范编纂成一部综合性法典，有利于完善中国特色社会主义法律体系，更好推进全面依法治国。第二，民法与其他领域法律规范一起，支撑着国家制度和国家治理体系，颁布实施民法典有利于以法治方式推进国家治理体系和治理能力现代化。第三，社会主义市场经济本质上是法治经济。颁布实施民法典，有利于坚持和完善社会主义基本经济制度、推动经济高质量发展。第四，民法规范民事主体的各种人身关系和财产关系，涉及社会和经济生活的方方面面。颁布实施民法典有利于坚持以人民为中心的发展思想、依法维护人民权益、推动我国人权事业发展。

中国特色社会主义法治体系包括完备的法律规范体系、高效的法治实施体系、严密的法治监督体系、有力的法治保障体系，完善的党内法规体系。坚持和完善中国特色社会主义法治体系，具有以下重要意义：首先，中国特色社会主义法治体系是全面依法治国的总体目标，对全面依法治国具有纲举目张、举旗定向的重要意义。其次，建设中国特色社会主义法治体系是总揽全局、牵引各方的总抓手，全面依法治国的各项工作都要围绕这个总抓手谋划和推进。最后，建设中国特色社会主义法治体系是实现国家治理体系和治理能力现代化的必然要求，有利于在法治轨道上推进国家治理体系和治理能力现代化。

坚持和完善中国特色社会主义法治体系：第一，要加快形成完备的法律规范体系，继续完善以宪法为统帅的中国特色社会主义法律体系，为全面依法治国提供基本遵循。第二，要加快形成高效的法治实施体系，建设执法、司法、守法等方面的体制机制，确保法律的全面有效实施。第三，要加快形成严密的法治监督体系，做到有权必有责、用权受监督、违法必追究，形成科学有效的权力运行制约和监督机制。第四，要加快形成有力的法治保障体系，加强党的领导，为全面依法治国提供政治保障；建设高素质的法治工作队伍，为全面依法治国提供人才保障；改革不利于依法治国的体制机制，为全面依法治国提供制度保障。第五，要加快形成完善的党内法规体系，构建以党章为根本、若干配套党内法规为支撑的党内法规制度体系，提高党内法规执行力。

总之，随着民法典的颁布实施，中国特色社会主义法治体系将进一步完善，法治对国家治理体系和治理能力现代化固根本、稳预期、利长远的作用将更加突出，我国以人民为中心的发展、人权事业的进步必将走上新台阶。

七、对本题的点评

应当说，本题出的中规中矩，难度不大，完全贯彻宋老师提出的“考宏观不考微观”“务虚不务实”的命题思路。至于“材料即答案”的命题思路，在本题中贯彻的不是很明显，材料一和材料二只是给出了采分点一的所有内容，对于采分点二和采分点三，给出的线索并不多。这也提醒考生，必须要加强习近平法治思想的基本素养，强化习近平法治思想知识的储备。

宋老师在瑞达援疆主观题冲刺课程中，也押中了本题的两个考点：“民法典的重要意义”和“建设中国特色社会主义法治体系”。其实，宋老师在2020年的授课过程中，一直都在强调民法典的重要意义。因为，主观题考试有一个非常明显的规律，考试当年有什么大法修订，那么，该法考查论述题的可能性就大大增加。2012年刑事诉讼法大修，当年论述题结合刑事诉讼法考查。2013年民事诉讼法大修，当年论述题结合民事诉讼法考查。2014年公司法大修，当年论述题结合公司法考查。因此，2020年民法典大修，论述题结合民法典的考查其实并不意外。

第五节 2021 年全国统考试卷第一题及其解析

一、题目

（本题 35 分）

材料一：推进全面依法治国是国家治理的一场深刻变革，必须以科学理论为指导，加强理论思维，从理论上回答为什么要全面依法治国、怎样全面依法治国这个重大时代课题，不断从理论和实践的结合上取得新成果，总结好、运用好党关于新时代加强法治建设的思想理论成果，更好指导全面依法治国各项工作。

——2020 年 11 月 16 日习近平《在中央全面依法治国工作会议上的讲话》

材料二：党的十八大以来，我们提出一系列全面依法治国新理念新思想新战略，明确了全面依法治国的指导思想、发展道路、工作布局、重点任务……这些新理念新思想新战略，是马克思主义法治思想中国化的最新成果，是全面依法治国的根本遵循，必须长期坚持、不断丰富发展。

——2018 年 8 月 24 日习近平《在中央全面依法治国委员会第一次会议上的讲话》

材料三：立足我国国情和实际，加强对社会主义法治建设的理论研究，尽快构建体现我国社会主义性质，具有鲜明中国特色、实践特色、时代特色的法治理论体系和话语体系。坚持和发展我国法律制度建设的显著优势，深入研究和总结我国法律制度体系建设的成功经验，推进中国特色社会主义法治体系创新发展。

——《法治中国建设规划（2020—2025 年）》

问题：

根据材料，结合习近平法治思想的核心要义，谈谈当前和今后一个时期推进全面依法治国要重点抓好的“十一个坚持”。

答题要求：

1. 观点正确，表述完整、准确；
2. 无观点或论述，照搬材料原文的不得分；
3. 不少于600字。

二、审问题

本题的问题结构如下："根据材料，结合A，谈谈推进B要重点抓好的C。"本质上，还是3.3版的问题结构，所以，命题人设置的采分点可能包括A、B、C等。

搞清楚问题结构后，我们还需要仔细研究题干，以找到命题人设置的采分点。

题干的第一部分"根据材料"，这意味着，我们的答案不能是凭空得来的，而应当是结合自己掌握的基本知识，通过对材料的分析，从材料中得出来的。即我们的答案必须要结合材料才会有材料相关的分数。事实上，就近几年的论述题分析，"材料即答案"的命题趋势非常明显，"用到了材料，阅卷人就会给你材料相应的分数"，这只是现在论述题的最低要求。分析近几年的真题就可以发现，如果不用材料，甚至很难完成文章的写作。即使考生勉强完成写作，也可能会沦于"假大空"、不着边际的尴尬境地。所以，考生一定要记住，对材料绝不能浅尝辄止，而必须认真研读，深思熟虑，不放过任何一点可能和采分点有关的内容。总之，考生务必重视材料对于论述题写作的重要意义。

但是，本题在材料方面的一个重要变化，也值得大家警惕。即材料内容比较少。不像2020年及之前的论述题，给的材料在内容上相对比较多。这就要求考生对"材料即答案"必须有正确的认知。

"材料即答案"绝不是说，材料包含所有的答案，而是说材料可能会给出某一个或者某几个采分点的线索，某一个或者某几个采分点的一部分内容，某一个或者某几个采分点的全部内容。2019年的真题，各个采分点几乎90%的内容都可以在材料中找到。2020年全国统考的真题，一个采分点给了几乎所有的答案，但其他采分点只是给了部分内容或者线索。2020年新疆延考真题，一个采分点给了几乎所有的答案，但其他采分点几乎只是提供了简单的线索。而2021年全国统考真题，以及全国延考和黑龙江延考真题，材料给的更少，都只是给出了采分点的线索，需要考生记忆更多的内容。这可能代表着2023年的命题趋势。

因此，考生在准备今年的考试时，一方面要高度重视材料，另一方面，也必须要加强对本学科基本内容的记忆。

题干的第二部分“结合习近平法治思想的核心要义”，这里出现了采分点一“习近平法治思想的核心要义”。这意味着，考生必须答出“习近平法治思想的核心要义”的具体内容。

题干的第三部分“谈谈当前和今后一个时期推进全面依法治国要重点抓好的‘十一个坚持’”，这句话的结构是“谈谈推进B要重点抓好的C”。所以，采分点二是“全面依法治国”的概念，采分点三是“十一个坚持”。

然而，有不少考生，在这里产生了两个困惑。

困惑一：习近平法治思想的核心要义不就是“十一个坚持”吗，采分点三和采分点一岂不是完全一样了？

有此问题的考生，一方面可能是对习近平法治思想的基本原理掌握得还不到位。另一方面可能是对论述题的答题理论和方法还不够娴熟。

按照教材，习近平法治思想是马克思主义法治理论中国化的最新成果，是习近平新时代中国特色社会主义思想的重要组成部分。习近平法治思想是当前和今后一个时期指导全面依法治国的重要理论。那么，当谈到对“理论”的理解，应当怎么谈？本书第一编第二章“论述题的基本原理”部分专门讲到，谈对“理论”的认识，主要是谈“是什么、为什么、怎么办”三部分内容。

采分点一“习近平法治思想的核心要义”，按照本学科的编排体系，正是“十一个坚持”。考生只要答“十一个坚持”是什么就可以了。那么，采分点三“十一个坚持”又该怎么答呢？

“是什么”已经在采分点一出现，能回答的当然就是“为什么”和“怎么办”了。“为什么”就是重要意义。“怎么办”怎么回答？难道要答出“十一个坚持”的全部细节吗？

当然不需要。习近平法治思想的核心要义“十一个坚持”，“是什么”和“怎么办”其实是融为一体的。因为，习近平法治思想的鲜明特色之一就是“实践性”，习近平法治思想是理论和实践的重大创新，既是理论（是什么）又是实践（怎么办）。

所以，采分点三需要考生回答的实际上是习近平法治思想的重要意义。

考生务必要想清楚这个采分点的找寻过程，从“十一个坚持”到“习近平法治思想的重要意义”。这个过程，需要考生的破题能力。而这个破题能力，既需要考生在问题结构等形式上的审题能力，又需要考生对采分点本身内容的深刻理解。应当说，这种命题方式导致本题有极大的难度，但这也正是命题人的巧妙之处。

困惑二：采分点一已经总体上回答了“十一个坚持”，所以，采分点三不需要回答出全部“十一个坚持”，只需要根据材料回答出相关的“坚持”，不就可以了吗?

甚至还有老师认为，考生随便回答几个自己知道的“坚持”就可以了。这也未免太小瞧国家统一法律职业资格考试的严肃性了，甚至有点侮辱命题人的智商。

实际上，历年真题分析提出的基本命题思路“考宏观不考微观”“务虚不务实”“求全不求深”，也决定了我们应当要回答全部的“十一个坚持”，而不是挑其中几个回答。可能还有考生会问：“内容太多，答不完怎么办?”“求全不求深”的命题思路已经在告诉我们，不需要回答太多的细节，回答出“十一个坚持”的基本内容及其定位就足够了。

有此困惑的考生，很明显语文知识掌握得不到位。听过宋老师课程的考生应当知道，宋老师一直强调，法律人应当学好两门课程，其一是初中语文，打好阅读理解的基本功，让法律人能明白法律人所要面对的文本的正确含义。其二是形式逻辑，培养法律人的逻辑思维，让法律人能够具备独立思考能力。

命题人在本题的命题形式上的巧妙之处，就是玩弄了文字游戏。本题后半部分的内容是，“谈谈当前和今后一个时期推进全面依法治国要重点抓好的‘十一个坚持’。”不少考生误以为此处的“的”使得后半句的含义变成了分析“十一个坚持”中重要的几个，从而认为挑几个重点分析即可。但如果命题人真的是希望考生回答“十一个坚持”中的几个“坚持”，按照汉语语法，本部分应当调整为“谈谈当前和今后一个时期推进全面依法治国要抓好的‘十一个坚持’的重点”。

实际上，汉语用语习惯中“……的”要作修饰词理解，本题也不例外。“重点抓好”属于修饰词，修饰的对象为“十一个坚持”，以此来强调“十一个坚持”在全面依法治国中的重要性。这也恰恰说明该采分点重点需要我们分析的是它的重要性，也即习近平法治思想的重要意义。

另外，“十一个坚持”是一个整体，对于全面依法治国来讲都很重要，除非中央领导明确其中哪几个在当前阶段要重点坚持，一般我们自己不会对此作出取舍，考生务必牢记，要与中央保持一致。

总之，我们可以发现 2021 年真题命题特点：典型的会者不难，难者不会。如果考生能够读懂题干，则作答相应采分点的内容不是难事，若读不懂题干，则找不到正确的采分点，相应也无法作答命题人要求作答的内容。

三、审答题要求

答题要求 1“观点正确，表述完整、准确”，此处所谓“观点正确”意味着有明确的参考答案，否则以何认定“正确”；“表述完整”意味着答案不能有遗漏，换句话说，宁多勿少。因为，表述不完整，答案有遗漏，一定会扣分，但是答案写多了，不会扣分；“文字通顺”，这是基本功，形式分，考生在此点上丢分就非常可惜了。

答题要求 2“无观点或论述，照搬材料原文的不得分”，此处说明：第一，必须有观点。第二，观点是从材料中推理出来的。第三，既要结合材料分析，又不能照抄材料。一定要记住宋老师对近几年论述题的判断，“材料即答案”，要高度重视材料的作用。

答题要求 3“总字数不得少于 600 字”，意味着字数上也有明确的分值，考生应当在答题时满足此要求。但字数也不宜太多，总之，关于字数把握趋近原则。

四、分析材料和采分点

必须坚信，采分点彼此之间都是有必然联系的，采分点和材料之间一定是有必然联系的，材料之间一定是有必然联系的，材料一定是通过采分点联系在一起的。我们分析采分点的目的，就是找到这些联系。找到这些联系的办法，第一是对习近平法治思想基本内容的熟悉，第二是对基本法治思维的运用，第三就是想尽一切办法让采分点彼此之间靠近，第四是想尽一切办法让采分点和材料彼此之间靠近。

正如宋老师在前面所说，材料对论述题的写作，有着非常重要的基础作用。考生务必带着采分点的关键字反复认真研读材料，从形式和内容两方面积极寻找和采分点有关的材料。

1. 分析材料

（1）分析材料一

材料一很短，只有一句话。很短，但并不意味着内涵不丰富。

“推进全面依法治国是国家治理的一场深刻变革，必须以科学理论为指导”显然和采分点“全面依法治国”有关。但还隐藏了一个关键就是“以科学理论为指导”这个“科学理论”指的是什么？2020 年 11 月 16 日习近平在中央全面依法治国工作会议上，中央明确将习近平法治思想确定为全面依法治国的指导思想。习近平法治思想就是这个科学理论，这半句话其实在明确习近平法治思想和全面依法治国之间的关系，即推进全面依法治国，必须以习近平法治思想为指导。

再看材料一中的“从理论上回答为什么要全面依法治国、怎样全面依法治国这个重大时代课题，不断从理论和实践的结合上取得新成果”。

第一，相信考生看到这部分内容，一定会想起来宋老师上课一直强调的，只要回答习近平法治思想，必须要写的内容：习近平法治思想深刻回答了新时代为什么要实行全面依法治国、怎样实行全面依法治国等一系列重大问题。考生可以将这句话放在采分点一“习近平法治思想的核心要义”部分，也可以放在采分点三“习近平法治思想的重要意义”。考虑到采分点一内容较多，放在采分点三部分比较合理。

第二，“新成果”提醒考生，习近平法治思想的四个重大意义之一“习近平法治思想是马克思主义法治理论同中国实际相结合的最新成果”。当然，前提是考生认真记过习近平法治思想的重大意义。

第三，通过“为什么”“怎么办”将习近平法治思想与全面依法治国之间的关系进一步具象化，其中“从理论和实践的结合”也表明了习近平法治思想的特点，既是理论（是什么）又是实践（怎么办），这也为本文分析采分点三提供了思路。

而采分点“全面依法治国”，宋老师在本书前面有专门论述“怎么答全面依法治国的概念”，考生一定记得，围绕全面依法治国的总目标来写，但并不是写全面依法治国的总目标，而是结合问题和材料的内容分析，挑选其中的一部分写。本题采分点涉及全面依法治国和习近平法治思想，两者是指导与被指导的关系，建设法治国家是我们的最终目标，因此作答采分点“全面依法治国”的时候主要围绕法治国家的内容作答完成，并且做好承上启下的工作即可，已经找到了采分点二的写法。

材料一中的最后一部分内容“总结好、运用好党关于新时代加强法治建设的思想理论成果，更好指导全面依法治国各项工作”。其中的“思想理论成果”，当然指的还是习近平法治思想。再次告诉我们，要用习近平法治思想指导全面依法治国。同时，也在提醒我们采分点三“习近平法治思想的重要意义”的有关内容。

总是有考生说：“宋老师，你带着我们分析材料，我就可以分析出来这些内容。但是，让我自己看，我就看不出来这些内容。”为什么？因为基础知识掌握得不扎实，简单地说，就是记忆得不够。材料蕴含的信息很多，究竟能挖掘出多少，则取决于考生对习近平法治思想基本内容的掌握程度。正如前文分析，本题体现的命题思路是，材料提供的内容越来越少，需要考生记忆的内容越来越多。为显示公平，2021 年的三道题都有这个命题特点。极有可能，2023 年的命题会继续这个趋势。

（2）分析材料二

材料二共两句话，依然很短，内涵依然丰富。

第一句话显然和采分点“全面依法治国”“习近平法治思想的核心要义”有关，“习近平法治思想的核心要义”一共有十一个小点，因此，我们在分析材料时，需要带着十一个小点相关的内容去分析，如本句当中出现的“发展道路”“工作布局”“重点任务”，“发展道路”与“坚持中国特色社会主义法治道路”有关，“工作布局”与“坚持依法治国、依法执政、依法行政共同推进，法治国家、法治政府、法治社会一体建设”有关，“重点任务”与“坚持科学立法、严格执法、公正司法、全民守法”有关。

这句话提供的只是采分点的线索或者部分内容。考生必须对采分点的内容记忆娴熟，才能根据材料中的提示答题。

第二句“……这些新理念、新思想、新战略，是马克思主义法治思想中国化的最新成果，是全面依法治国的根本遵循，必须长期坚持、不断丰富发展。”其中的“这些新理念、新思想、新战略”是在告诉我们，“十一个坚持”务必要答得全面。其中的“最新成果”“根本遵循”显然与采分点“习近平法治思想的重要意义”有关。

与材料一的分析一样，考生要想挖掘出上述内容，必须要非常熟悉习近平法治思想的基本内容。

（3）分析材料三

材料三一共两句话，还是很短。

材料三中的“法治理论体系和话语体系”当然指的就是习近平法治思想。

“中国特色社会主义法治体系”与“十一个坚持”中的“坚持建设中国特色社会主义法治体系”有关。

大家可以发现，只要你仔细审读材料，那么，关于各个采分点的内容和彼此之间的联系，你就能找到很多线索和内容。这就是宋老师提出来的“材料即答案”的命题趋势的重要意义。而且，有的内容，你就放心大胆地去抄，考生需要做的就是掌握好习近平法治思想的基本知识，准确判断材料和采分点的联系，结合理论储备作答相关内容。

2. 分析采分点

（1）分析采分点一

前文已经分析，采分点一“习近平法治思想的核心要义”，回答出“十一个坚持”的内容及其定位即可。此处不再赘述。

（2）分析采分点二

采分点二“全面依法治国”。

有考生认为习近平法治思想已经替换了原来的中国特色社会主义法治理论，全面依法治国不可能再考到了。

有此类问题的考生可能没有理解清楚习近平法治思想和全面依法治国之间的关系。

首先，中国特色社会主义法治理论和习近平法治思想是一脉相承的，习近平法治思想是在中国特色社会主义法治理论的基础上发展形成的，我们不能因为现在称之为习近平法治思想，而否定之前的中国特色社会主义法治理论。

其次，习近平法治思想在全面依法治国中具有指导地位，全面依法治国是被指导的对象。习近平法治思想深刻回答了新时代为什么实行全面依法治国、怎样实行全面依法治国等一系列重大问题，其“核心要义”就是全面依法治国非常重要的十一个方面。

最后，本题采分点一是“习近平法治思想的核心要义”，采分点二若直接分析全面依法治国为什么要抓好“十一个坚持”，则上下文之间会存在衔接的问题，会显得突兀，必须要用“全面依法治国”将各个采分点衔接起来，在逻辑上才能说得清。因此，要将全面依法治国作为一个采分点。

（3）分析采分点三

采分点三“习近平法治思想的重要意义”，为什么是“习近平法治思想的重要意义”这个点，前文已经有详细的分析，此处不再赘述。材料二中的“最新成果”“根本遵循”提供了一定的作答线索，但光有这两个词还是远远不够的，需要结合自身的知识储备，将两个词扩充成两句话，并且补充另外两点内容。

五、谋篇布局

按照“n+2”的写作框架，本题我们应当写五段。三个采分点每一个单独成段：采分点一“习近平法治思想的核心要义”单独成段，采分点二“全面依法治国”单独成段，采分点三“习近平法治思想的重要意义”单独成段，再加上观点一段，总结一段，一共五段即可。

1. 观点部分的写作

首先，观点句必须包括所有采分点的关键字：“习近平法治思想”“核心要义”“全面依法治国”等。其次，观点句不是这些关键字的简单堆砌，还必须梳理清楚这些关键字之间的关系。其实，我们之前的分析，已经梳理清楚了采分点之间的关系，全面依法治国必须以习近平法治思想为指导。最后，用不超过两句话表达出来。

观点句宋老师是这样写的：

“推进全面依法治国是国家治理的一场深刻变革，必须以习近平法治思想为指导。习近平法治思想的核心要义集中体现为‘十一个坚持’。当前和今后一个时期推进全面依法治国必须重点抓好‘十一个坚持’。”

2. 采分点一的写作

将习近平法治思想的核心要义，即“十一个坚持”作答清楚即可。前面已有分析，不再赘述。宋老师是这样写的：

“习近平法治思想的核心要义集中体现为‘十一个坚持’。第一，坚持党对全面依法治国的领导。第二，坚持以人民为中心。第三，坚持中国特色社会主义法治道路。第四，坚持依宪治国、依宪执政。第五，坚持在法治轨道上推进国家治理体系和治理能力现代化。第六，坚持建设中国特色社会主义法治体系。第七，坚持依法治国、依法执政、依法行政共同推进，法治国家、法治政府、法治社会一体建设。第八，坚持全面推进科学立法、严格执法、公正司法、全民守法。第九，坚持统筹推进国内法治和涉外法治。第十，坚持建设德才兼备的高素质法治工作队伍。第十一，坚持抓住领导干部这个‘关键少数’。”

3. 采分点二的写作

围绕法治国家答出全面依法治国的概念即可，前面已有分析，不再赘述。宋老师是这样写的：

“习近平法治思想深刻回答了新时代为什么全面依法治

国、怎样全面依法治国等一系列重大问题，为深入推进全面依法治国，加快建设中国特色社会主义法治国家，提供了科学指南。全面依法治国要求建设中国特色社会主义法治体系，建设社会主义法治国家。这就是，在中国共产党领导下，坚持中国特色社会主义制度，贯彻中国特色社会主义法治理论，形成完备的法律规范体系、高效的法治实施体系、严密的法治监督体系、有力的法治保障体系，形成完善的党内法规体系，坚持依法治国、依法执政、依法行政共同推进，坚持法治国家、法治政府、法治社会一体建设，实现科学立法、严格执法、公正司法、全民守法，促进国家治理体系和治理能力现代化。”

4. 采分点三的写作

理解清楚该采分点，围绕习近平法治思想的重要意义来写作即可。前面已有分析，不再赘述。宋老师是这样写的：

“全面依法治国必须坚持以习近平法治思想为指导，重点抓好‘十一个坚持’，其重要意义在于：第一，习近平法治思想坚持马克思主义法治理论的基本立场、观点和方法，是马克思主义法治理论中国化的最新成果。第二，习近平法治思想赋予中国特色社会主义法治建设事业以新的时代内涵，是对党领导法治建设丰富实践和宝贵经验的科学总结。第三，习近平法治思想贯穿经济、政治、文化、社会、生态文明建设的各个领域，是在法治轨道上推进国家治理体系和治理能力现代化的根本遵循。第四，习近平法治思想从全面建设社会主义现代化国家的目标要求出发，提出了当前和今后一个时期全面依法治国的目标任务，是引领法治中国建设实现高质量发展的思想旗帜。”

5. 总结部分的写作

总结部分要求首尾呼应，首先对全文观点进行总结，其次要对文章立意进行适当拔高。总结部分也必须包含所有采分点的关键字。宋老师是这样写的：

“总之，只有深入贯彻以‘十一个坚持’为核心要义的习近平法治思想，才能更好地回答为什么要全面依法治国、怎样全面依法治国这个重大时代课题，从而更好地推进全面依法治国，为实现中华民族伟大复兴的中国梦提供有力的法治保障。”

最后再一组合，答案就出来了。

六、参考答案

推进全面依法治国是国家治理的一场深刻变革，必须以习近平法治思想为指导。习近平法治思想的核心要义集中体现为“十一个坚持”。当前和今后一个时期推进全面依法治国必须重点抓好“十一个坚持”。

习近平法治思想的核心要义集中体现为“十一个坚持”。第一，坚持党对全面依法治国的领导。第二，坚持以人民为中心。第三，坚持中国特色社会主义法治道路。第四，坚持依宪治国、依宪执政。第五，坚持在法治轨道上推进国家治理体系和治理能力现代化。第六，坚持建设中国特色社会主义法治体系。第七，坚持依法治国、依法执政、依法行政共同推进，法治国家、法治政府、法治社会一体建设。第八，坚持全面推进科学立法、严格执法、公正司法、全民守法。第九，坚持统筹推进国内法治和涉外法治。第十，坚持建设德才兼备的高素质法治工作队伍。第十一，坚持抓住领导干部这个“关键少数”。

习近平法治思想深刻回答了新时代为什么全面依法治国、怎样全面依法治国等一系列重大问题，为深入推进全面依法治国，加快建设中国特色社会主义法治国家，提供了科学指南。全面依法治国要求建设中国特色社会主义法治体系，建设社会主义法治国家。这就是，在中国共产党领导下，坚持中国特色社会主义制度，贯彻中国特色社会主义法治理论，形成完备的法律规范体系、高效的法治实施体系、严密的法治监督体系、有力的法治保障体系，形成完善的党内法规体系，坚持依法治国、依法执政、依法行政共同推进，坚持法治国家、法治政府、法治社会一体建设，实现科学立法、严格执法、公正司法、全民守法，促进国家治理体系和治理能力现代化。

全面依法治国必须坚持以习近平法治思想为指导，重点抓好“十一个坚持”，其重要意义在于：第一，习近平法治思想坚持马克思主义法治理论的基本立场、观点和方法，是马克思主义法治理论中国化的最新成果。第二，习近平法治思想赋予中国特色社会主义法治建设事业以新的时代内涵，是对党领导法治建设丰富实践和宝贵经验的科学总结。第三，习近平法治思想贯穿经济、政治、文化、社会、生态文明建设的各个领域，是在法治轨道上推进国家治理体系和治理能力现代化的根本遵循。第四，习近平法治思想从全面建设社会主义现代化国家的目标要求出发，提出了当前和今后一个时期全面依法治国的目标任务，是引领法治中国建设实现高质量发展的思想旗帜。

总之，只有深入贯彻以“十一个坚持”为核心要义的习近平法治思想，才能更好地回答为什么要全面依法治国、怎样全面依法治国这个重大时代课题，从而更好地推进全面依法治国，为实现中华民族伟大复兴的中国梦提供有力的法治保障。

七、对本题的点评

本题依然贯彻了“材料即答案、考宏观不考微观、务虚不务实、求全不求深”的命题思路。但又具有以下特点：

第一，在材料方面，命题人提升了命题难度，材料相对短小，提供的采分点的内容较少，对考生的理论储备提出了更高的要求。

第二，对考生整体把握习近平法治思想的内容提出了更高的要求。考生必须在整体把握习近平法治思想的框架和知识点的基础上，结合材料、问题和其他采分点，才能最终确定采分点“习近平法治思想的核心要义”与采分点“要重点抓好的十一个坚持”之间的关系，并分别作答两个采分点的内容。

第三，对考生的阅读理解能力提出了更高的要求。对采分点“要重点抓好的十一个坚持”的理解，考生稍不注意，可能就会落入命题者在语言上设置的陷阱，仅仅回答“十一个坚持”的某几个方面，导致失分。

第四，对考生在破题方面提出了更高的要求。考生必须将问题的形式与采分点本身的内容紧密结合，才能搞清楚真正的采分点和需要回答的内容。

总体上，本题的命题水平非常高，虽然还是3.3版的问题结构，但是命题人通过在问题表现形式上的复杂设计，将问题与内容紧密结合，大大增加了本题的难度。正如宋老师在论述题写作基本原理部分的分析，限于考试时间和各个学科的分值比例，命题人绝无可能设置4.0版的问题结构。这就导致命题人只能在3.0版和2.0版的问题结构上下功夫，就如本题的设计。

第六节　2022年全国统考试卷第一题及其解析

一、题目

（本题35分）

材料一：改革开放以后，党坚持依法治国，不断推进社会主义法治建设……党领导深化以司法责任制为重点的司法体制改革，推进政法领域全面深化改革，加强对执法司法活动的监督制约，开展政法队伍教育整顿，依法纠正冤错案件，严厉惩治执法司法腐败，确保执法司法公正廉洁高效权威。

摘自《中共中央关于党的百年奋斗重大成就和历史经验的决议》，2021年11月11日中国共产党第十九届中央委员会第六次全体会议通过

材料二：当前，法治领域存在的一些突出矛盾和问题，原因在于改革还没有完全到位。要围绕让人民群众在每一项法律制度、每一个执法决定、每一宗司法案件中都感受到公平正义这个目标，深化司法体制综合配套改革，加快建设公正高效权威的社会主义司法制度。

摘自习近平：《坚持走中国特色社会主义法治道路更好，推进中国特色社会主义法治体系建设》，载《求是》2022年第4期

材料三：习近平总书记指出，权力是一把双刃剑，在法治轨道上行使可以造福人民，在法律之外行使则必然祸害国家和人民。执法司法权力专业性强、自由裁量度大、受干扰

诱惑多，权力的多重属性表现尤为明显。

摘自钟政声：《深化执法司法权力运行机制改革，归根结底就是要规范用权》

问题：

请根据以上材料，结合你对习近平法治思想的理解，谈谈党的十八大以来改革重构司法权力配置和运行机制的重大成就和意义。

答题要求：

1. 无观点或论述，直接照搬材料原文的不得分；
2. 观点正确，表达完整、准确；
3. 总字数不少于600字。

二、审问题

2022年时政论述题的问题结构，仍然属于2.0版，只不过，这里有一个B1和B2的问题。其问题结构为："根据以上材料，结合A，谈谈B1和B2"。其中，A是"习近平法治思想"，B1是"党的十八大以来改革重构司法权力配置和运行机制的重大成就"，B2是"党的十八大以来改革重构司法权力配置和运行机制的意义"。

搞清楚问题结构后，我们还需要仔细研究题干，以找到命题人设置的采分点。

题干的第一部分"根据材料"，这意味着，我们的答案不能是凭空得来的，而应当是结合自己掌握的基本知识，通过对材料的分析，从材料中得出来的。也即，我们的答案必须要结合材料才会有材料相关的分数。事实上，就近几年的论述题分析，"材料即答案"的命题趋势非常明显，"用到了材料，阅卷人就会给你材料相应的分数"，这只是现在论述题的最低要求。分析近几年的真题就可以发现，如果不用材料，甚至很难完成文章的写作。即使考生勉强完成写作，也可能会沦于"假大空"、不着边际的尴尬境地。所以，考生一定要记住，对材料绝不能浅尝辄止，而必须认真研读，深思熟虑，不放过任何一点可能和采分点有关的内容。总之，考生务必重视材料对于论述题写作的重要意义。以本题为例，本题虽然材料内容比较少，但材料却是回答采分点二和采分点三的关键。

题干的第二部分“结合习近平法治思想”，这是采分点一。采分点一要求我们必须答出“习近平法治思想”的有关内容。当然，只要跟着宋老师认真学习的考生，这个采分点根本不是问题。实际上，2022 年全国统考，虽然宋老师未能完整押中试题，但是，采分点一“习近平法治思想”还是妥妥命中。

题干的第三部分“谈谈党的十八大以来改革重构司法权力配置和运行机制的重大成就和意义”，结构很简单，涉及采分点二和采分点三。采分点二是“党的十八大以来改革重构司法权力配置和运行机制的重大成就”，采分点三是“党的十八大以来改革重构司法权力配置和运行机制的意义”。

这样，本题的三个采分点都找到了，采分点一“习近平法治思想”，采分点二“党的十八大以来改革重构司法权力配置和运行机制的重大成就”，采分点三“党的十八大以来改革重构司法权力配置和运行机制的意义”。采分点的关键字也很清晰：习近平法治思想、改革重构司法权力配置和运行机制、重大成就、意义。

按照审题要求，我们找到采分点，第一反应就应当围绕习近平法治思想回忆相关知识。采分点一“习近平法治思想”在习近平法治思想中有明确的内容。但是，采分点二“党的十八大以来改革重构司法权力配置和运行机制的重大成就”，采分点三“党的十八大以来改革重构司法权力配置和运行机制的意义”的内容在习近平法治思想中似乎不太明确，有可能是习近平法治思想之外的内容，这就要求我们进一步通过审读材料确定。

三、审答题要求

答题要求 1“无观点或论述，直接照搬材料原文的不得分”，此处说明：第一，必须有观点；第二，观点是从材料中推理出来的；第三，在有观点或者论述的情况下，可以照搬材料。

答题要求 2“观点正确，表述完整、准确”，此处所谓“观点正确”意味着有明确的参考答案，否则以何认定“正确”；“表述完整”意味着答案不能有遗漏，换句话说，宁多勿少，因为，表述不完整，答案有遗漏，一定会扣分，但是答案写多了，不会扣分；“文字通顺”，这是基本功，形式分，考生在此点上丢分就非常可惜了。

答题要求 3“总字数不得少于 600 字”，意味着字数上也有明确的分值，考生应当在答题时满足此要求。但字数也不宜太多。总之，关于字数把握趋近原则。

四、分析材料和采分点

必须坚信，采分点彼此之间都是有必然联系的，采分点和材料之间一定是有必然联系的，材料之间一定是有必然联系的，材料一定是通过采分点联系在一起的。我们分析采分点的目的，就是找到这些联系。找到这些联系的办法：第一，是对习近平法治思想基本内容的熟悉；第二，是对基本法治思维的运用；第三，就是想尽一切办法让采分点彼此之间靠近；第四，是想尽一切办法让采分点和材料彼此之间靠近。

正如宋老师在前面所说，材料对论述题的写作，有着非常重要的基础作用。考生务必带着采分点的关键字反复认真研读材料，从形式和内容两方面积极寻找和采分点有关的材料。

1. 分析材料

（1）分析材料一

采分点的关键字包括：习近平法治思想、改革重构司法权力配置和运行机制、重大成就、意义。我们必须带着上述关键字审读材料，看见材料中的句子包含采分点的关键字或者有与其意思相近的词语，那么，就将这个句子勾画出来。同时要坚信，这些句子一定能为我们的写作所用。

材料一的内容不多，就一句话：

“改革开放以后，党坚持依法治国，不断推进社会主义法治建设……党领导深化以司法责任制为重点的司法体制改革，推进政法领域全面深化改革，加强对执法司法活动的监督制约，开展政法队伍教育整顿，依法纠正冤错案件，严厉惩治执法司法腐败，确保执法司法公正廉洁高效权威。”

其中没有和采分点的关键字完全一样的词汇，我们可以寻找和采分点的关键字部分相似的关键字。审读材料一，我们立刻就能锁定“党领导深化以司法责任制为重点的司法体制改革，推进政法领域全面深化改革”这句话中的“司法”“改革”这两个词汇。这样，采分点的关键字“改革重构司法权力配置和运行机制”的含义其实就已经出来了，即“司法体制改革”。这样，采分点二实际上要让考生回答的是“司法体制改革的成就”，采分点三实际上要让考生回答的是“司法体制改革的意义”。

如果考生未能注意到“司法”“改革”这两个关键字，那么，从内容上分析，我们也可以发现，材料一讲的主要是改革开放以来司法体制改革的诸多成就，包括：深化以司法责任制为重点的司法体制改革，推进政法领域全面深化改革，加强对执法司法活动的监督制约，开展政法队伍教育整顿，依法纠正冤错案件，严厉惩治执法司法腐败等内容，这些内容不就是采分点二“党的十八大以来改革重构司法权力配置和运行机制的重大成就”想要的“重大成就”吗？记住，审读材料，最忌讳的就是发散性思维，我们一定要牢记，始终围绕采分点审读材料。

如果考生能够确定材料一的主要内容是讲司法体制改革的成就，也能通过成就倒推出来，“改革重构司法权力配置和运行机制”指的就是“司法体制改革”。这样，“司法体制改革”就成了采分点二和采分点三的关键字。我们继续审读其他材料，就可以寻找关键字“司法体制改革”。

就本题而言，材料一有两大作用。其一，帮助我们精确理解采分点二和采分点三中的“改革重构司法权力配置和运行机制”的含义，将其锁定为“司法体制改革”。其二，帮助我们确定采分点二“改革重构司法权力配置和运行机制的重大成就”的内容。

（2）分析材料二

材料二内容也不多，同样就一句话：

“当前，法治领域存在的一些突出矛盾和问题，原因在于改革还没有完全到位。要围绕让人民群众在每一项法律制度、每一个执法决定、每一宗司法案件中都感受到公平正义这个目标，深化司法体制综合配套改革，加快建设公正高效权威的社会主义司法制度。”

我们很容易就能在材料二中找到采分点二和采分点三的关键字“司法体制改革”。也能确定，材料二的主要内容是阐述为什么要进行司法体制改革，即“法治领域存在的一些突出矛盾和问题”需要我们进行司法体制改革；“让人民群众在每一宗司法案件中都感受到公平正义”需要我们进行司法体制改革；“加快建设公正高效权威的社会主义司法制度”需要我们进行司法体制改革。这不正是采分点三“党的十八大以来改革重构司法权力配置和运行机制的意义”的有关内容吗？因为，“理由”“为什么”其实就是需要我们谈“意义”。

显然，材料二为采分点三“党的十八大以来改革重构司法权力配置和运行机制的意义”提供了答案。

（3）分析材料三

材料三内容也不多，同样就一句话：

“习近平总书记指出，权力是一把双刃剑，在法治轨道上行使可以造福人民，在法律之外行使则必然祸害国家和人民。执法司法权力专业性强、自由裁量度大、受干扰诱惑多，权力的多重属性表现得尤为明显。”

材料三中带有采分点二和采分点三的关键字“司法”，显然和采分点二与采分点三有关系。分析材料三的内容，讲的是为什么要进行司法体制改革，即“权力是一把双刃剑，在法治轨道上行使可以造福人民，在法律之外行使则必然祸害国家和人民”，为了防止司法权祸害国家和人民，需要我们进行司法体制改革；“司法权力专业性强、自由裁量度大、受干扰诱惑多”的特质，需要我们进行司法体制改革。这显然又为采分点三“党的十八大以来改革重构司法权力配置和运行机制的意义”提供了内容。

总之，本题完美体现了宋老师一直强调的“材料即答案”的答题思路。

2. 分析采分点

（1）分析采分点一

采分点一是“习近平法治思想”，这属于考生必背的知识，宋老师在考前也专门给考生准备过相关内容，考生直接写作即可。本采分点考查的是考生的理解记忆能力，材料并未提供相关内容。换言之，考生如果未能有效记忆，本采分点无法得分。

采分点一的写法如下：

“习近平法治思想深刻回答了新时代为什么全面依法治国、怎样全面依法治国等一系列重大问题，为深入推进全面依法治国，实现国家长治久安提供了科学指南。习近平法治思想的核心要义是‘十一个坚持’，具有以下重大意义：首先，习近平法治思想坚持马克思主义法治理论的基本立场、观点和方法，是马克思主义法治理论中国化的最新成果。其次，习近平法治思想赋予中国特色社会主义法治建设事业以新的时代内涵，是对党领导法治建设丰富实践和宝贵经验的科学总结。再次，习近平法治思想贯穿经济、政治、文化、社会、生态文明建设的各个领域，是在法治轨道上推进国家治理体系和治理能力现代化的根本遵循。最后，习近平法治思想从全面建设社会主义现代化国家的目标要求出发，提出了当前和今后一个时期全面依法治国的目标任务，是引领法治中国建设实现高质量发展的思想旗帜。”

（2）分析采分点二

采分点二是“党的十八大以来改革重构司法权力配置和运行机制的重大成就”。通过审读材料一，我们可以确定，本采分点需要考生回答的是“党的十八大以来司法体制改革的重大成就”。这个采分点属于习近平法治思想之外的采分点，需要考生从材料中挖掘，准确地说，需要考生从材料一中挖掘。

但是，材料一给的内容非常简单，只是列举出了几项重大成就，对于成就的内容，并未进一步展开。材料一给出的几项巨大成就，根本无法支撑采分点二的写作，因为一个采分点8—10分，需要考生写300字左右。考生必须对材料一中给出的司法体制改革的成就进行适当的扩展。这就需要考生熟悉我国政法领域的最新政策和动向，需要考生定期浏览中国长安网、最高人民法院官网、最高人民检察院官网、司法部官网。

采分点二的写法如下：

“党的十八大以来，在习近平法治思想的指引下，党坚持全面依法治国，改革重构司法权力配置和运行机制，取得如下重大成就：第一，深化以司法责任制为重点的司法体制改革，完善确保依法独立公正行使审判权和检察权的制度，坚持谁办案谁负责，中国特色社会主义司法权力运行体系基本形成。第二，加强对司法活动的监督制约，健全公安机关、检察机关、审判机关、司法行政机关各司其职，侦查权、检察权、审判权、执行权相互配合、相互制约的体制机制，做到有权必有责，用权受监督，违法必追究，中国特色司法权力制约和监督体系基本形成。第三，开展政法队伍教育整顿，依法纠正冤错案件，严厉惩治司法腐败，确保了司法公正廉洁、高效权威。”

（3）分析采分点三

采分点三是“党的十八大以来改革重构司法权力配置和运行机制的意义”。通过审读材料一，我们可以确定，本采分点需要考生回答的是“党的十八大以来司法体制改革的意义”。这个采分点同样属于习近平法治思想之外的采分点，需要考生从材料中挖掘，准确地说，需要考生从材料二和材料三中挖掘。

但是，材料二和材料三主要谈的是为什么要进行司法体制改革，而本采分点需要考生谈的却是司法体制改革的意义。虽然“为什么”和“意义”本质上讲的是同一内容，但还是需要考生围绕采分点三对材料二和材料三的内容进行改造。

考生务必谨记，“材料即答案”，并不是简单地照搬材料，而是围绕采分点改造材料。

采分点三的写法如下：

“党的十八大以来，在习近平法治思想的指引下，党中央坚持全面依法治国，在改革重构司法权力配置和运行机制方面取得的巨大成就，具有以下重要意义：第一，司法权力具有专业性强、自由裁量度大、受干扰诱惑多的特点，改革重构司法权力配置和运行机制，能更好控制司法权力，让司法权力在法治轨道上运行。第二，解决了法治领域存在的一些突出矛盾和问题，避免了司法权力在法律之外行使，祸害国家和人民，有助于加快建设公正高效权威的社会主义司法制度。第三，加强对司法权力的监督制约，依法纠正冤错案件，严厉惩治司法腐败，有助于实现习近平总书记提出的‘让人民群众在每一个司法案件中都感受到公平正义’这个目标。”

五、谋篇布局

按照“n+2”的写作框架，本题我们应当写五段。三个采分点每一个单独成段：采分点一“习近平法治思想”单独成段，采分点二“党的十八大以来改革重构司法权力配置和运行机制的重大成就”单独成段，采分点三“党的十八大以来改革重构司法权力配置和运行机制的意义”单独成段。再加上观点一段，总结一段，一共五段即可。

1. 观点部分的写作

观点段的写作，首先必须包括所有采分点的关键字：“习近平法治思想”“改革重构司法权力配置和运行机制”“重大成就”“意义”。其次，观点句不是这些关键字的简单堆砌，还必须梳理清楚这些关键字之间的关系。宋老师专门讲过，如果采分点有“习近平法治思想”，那么，“习近平法治思想”与其他采分点之间的关系，一定是指导与被指导的关系。本题当然也不例外。最后，用不超过两句话表达出来。观点段宋老师是这样写的：

“党的十八大以来，在习近平法治思想的指引下，党在改革重构司法权力配置和运行机制方面取得重大成就，为确保司法公正廉洁高效权威提供了扎实的制度保障。”

2. 采分点一“习近平法治思想”的写作

考生可参见前文“分析采分点一”部分有关内容。

3. 采分点二“党的十八大以来改革重构司法权力配置和运行机制的重大成就”的写作

考生可参见前文“分析采分点二”部分有关内容。

4. 采分点三“党的十八大以来改革重构司法权力配置和运行机制的意义”的写作

考生可参见前文“分析采分点三”部分有关内容。

5. 总结段的写作

总结部分要求首尾呼应，首先对全文观点进行总结，其次要对文章立意进行适当拔高。总结部分也必须包含所有采分点的关键字。宋老师是这样写的：

"总之，为了让人民群众在每一个司法案件中感受到公平正义，我们必须在习近平法治思想的指引下，进一步改革重构司法权力配置和运行机制，加快建设公正高效权威的社会主义司法制度。"

最后再一组合，答案就出来了。

这里要提醒考生注意，很多考生不会写观点段，往往停留在观点段苦思冥想，浪费大量时间，这是不可取的。大家可以发现宋老师的分析思路，实际上是先写完了采分点，然后再写观点段和总结段。这种写作顺序也是符合我们的审题和写作逻辑的。

六、参考答案

党的十八大以来，在习近平法治思想的指引下，党在改革重构司法权力配置和运行机制方面取得重大成就，为确保司法公正廉洁高效权威提供了扎实的制度保障。

习近平法治思想深刻回答了新时代为什么全面依法治国、怎样全面依法治国等一系列重大问题，为深入推进全面依法治国，实现国家长治久安提供了科学指南。习近平法治思想的核心要义是"十一个坚持"，具有以下重大意义：首先，习近平法治思想坚持马克思主义法治理论的基本立场、观点和方法，是马克思主义法治理论中国化的最新成果。其次，习近平法治思想赋予中国特色社会主义法治建设事业以新的时代内涵，是对党领导法治建设丰富实践和宝贵经验的科学总结。再次，习近平法治思想贯穿经济、政治、文化、社会、生态文明建设的各个领域，是在法治轨道上推进国家治理体系和治理能力现代化的根本遵循。最后，习近平法治思想从全面建设社会主义现代化国家的目标要求出发，提出了当前和今后一个时期全面依法治国的目标任务，是引领法治中国建设实现高质量发展的思想旗帜。

党的十八大以来，在习近平法治思想的指引下，党坚持全面依法治国，改革重构司法权力配置和运行机制，取得如下重大成就：第一，深化以司法责任制为重点的司法体制改革，完善确保依法独立公正行使审判权和检察权的制度，坚持谁办案谁负责，中国特色社会主义司法权力运行体系基本形成。第二，加强对司法活动的监督制约，健全公安机关、检察机关、审判机关、司法行政机关各司其职，侦查权、检察权、审判权、执行权相互配合、相互制约的体制机制，做到有权必有责，用权受监督，违法必追究，中国特色司法权力制约和监督体系基本形成。第三，开展政法队伍教育整顿，依法纠正冤错案件，严厉惩治司法腐败，确保了司法公正廉洁、高效权威。

党的十八大以来，在习近平法治思想的指引下，党中央坚持全面依法治国，在改革重构司法权力配置和运行机制方面取得的巨大成就，具有以下重要意义：第一，司法权力具有专业性强、自由裁量度大、受干扰诱惑多的特点，改革重构司法权力配置和运行机制，能更好控制司法权力，让司法权力在法治轨道上运行。第二，解决了法治领域存在的一些突出矛盾和问题，避免了司法权力在法律之外行使，祸害国家和人民，有助于加快建设公正高效权威的社会主义司法制度。第三，加强对司法权力的监督制约，依法纠正冤错案件，严厉惩治司法腐败，有助于实现习近平总书记提出的“让人民群众在每一个司法案件中都感受到公平正义”这个目标。

总之，为了让人民群众在每一个司法案件中感受到公平正义，我们必须在习近平法治思想的指引下，进一步改革重构司法权力配置和运行机制，加快建设公正高效权威的社会主义司法制度。

七、对本题的点评

本题仍然体现了宋老师一直以来提出的“考宏观不考微观、材料即答案”的基本命题思路。

本题三个采分点：习近平法治思想、党的十八大以来改革重构司法权力配置和运行机制的重大成就、党的十八大以来改革重构司法权力配置和运行机制的意义。通过习近平法治思想考查考生的记忆能力，通过材料考查考生的阅读理解能力，通过问题考查考生的审问题、破题找采分点的能力。

因此，如果不会审题、破题，考生就看不出所谓“改革重构司法权力配置和运行机制”指的就是司法体制改革。

如果不加强记忆，考生就回答不出来习近平法治思想这个采分点。

如果不审材料，考生就无法回答“改革重构司法权力配置和运行机制的重大成就”“改革重构司法权力配置和运行机制的意义”这两个采分点。

习近平法治思想这个点，是宋老师在各个阶段都要求考生必须记忆，而且设计过题目的知识点，大家问题不大。

但是，考生在剩余两个采分点的回答上产生了很多问题。

第一，很多考生不会审题，被“改革重构司法权力配置和运行机制”这个看起来很唬人的词组吓住。其实，稍微审一下问题或者材料就能发现，“改革重构司法权力配置和运行机制”指的就是司法体制改革（材料一）。

第二，很多考生不会审材料，未能从材料中找到答案。材料一讲的是成就，材料二和材料三主要讲的是意义，但也有部分成就的内容。

第三，有考生回答了“立执司守”方面的内容，这里，只有“司”沾边。立法、执法、守法的内容与采分点无关，答了不扣分，但也不会给分。

第四，有考生回答了法治政府的内容，理由是材料中出现了“执法司法”的字样。但是，所有的采分点都要从问题中找出来，而问题说得很清楚，就是“改革重构司法权力配置和运行机制”，因此，法治政府的内容也与采分点无关，回答了不会扣分，但也不会给分。

第五，有考生围绕公正司法回答，单纯回答公正司法的措施，不全面，毕竟材料中说了司法责任制、监督体制、政法队伍整顿、纠正冤错案件、惩治司法腐败等内容。公正司法的意义，也只是材料中意义的一部分内容。

综上，本题的考查，符合宋老师一贯强调的，本题不能仅仅只是背，而一定要学会审问题、审材料。

2023 年，这个趋势还将继续。

第七节　练习题

论述题的写作，正确的方法很重要。但是，用正确的方法写作训练更重要。宋老师的教学只能让考生学到正确的写作方法，要想真正在规定的时间内写出一篇漂亮的论述题来，考生还必须经过艰苦卓绝的写作训练。

考生在练习写作时，要注意：

第一，一开始写不出来，很正常。不要灰心，记住，绝大多数考生都和你一样。正因为写不出来，所以，你才需要训练。

第二，一定要按照宋老师教的方法训练，形成正确的审题思路和写作方法。自以为是的盲目写作和训练，还不如不练。

第三，写作训练是一个逐渐脱离书本的过程。如果某个采分点写不出来，千万不要硬写，要充分利用本书中的理论知识储备，在本书中找出所有涉及采分点的内容，并结合材料对之进行整理后写作。这样训练的好处在于，一方面能帮考生提高整理材料、分析材料、利用材料写作的能力，另一方面也能帮考生记忆该采分点的相关知识。当考生写完该采分点，可能该采分点的相关内容考生也记得差不多了。这样坚持写下去，不知不觉，考生就能够脱离本书写作了。记住，写作训练最忌讳的就是腹中空空地硬写，这样下去，即使考生能形成自己的写作套路，但也只是低水平的重复，无法得到理想的分数。

一、练习题

（一）习近平法治思想与立法法修改

（本题 35 分）

材料一：我们要加强重要领域立法，确保国家发展、重大改革于法有据，把发展改革决策同立法决策更好结合起来。要坚持问题导向，提高立法的针对性、及时性、系统性、可操作性，发挥立法引领和推动作用。要抓住提高立法质量这个关键，深入推进科学立法、民主立法，完善立法体制和程序，努力使每一项立法都符合宪法精神、反映人民意愿、得到人民拥护。

摘自习近平《在庆祝全国人民代表大会成立六十周年大会上的讲话》

材料二：深入贯彻习近平新时代中国特色社会主义思想特别是习近平法治思想，践行全过程人民民主重大理念，落实党中央重大决策部署，需要认真总结新时代立法工作实践经验，适应统筹推进“五位一体”总体布局、协调推进“四个全面”战略布局新形势新要求，对立法法作出修改完善，进一步健全立法体制机制，规范立法活动，为提高立法质量和效率、加快形成完备的法律规范体系、建设中国特色社会主义法治体系、在法治轨道上全面建设社会主义现代化国家提供有力制度支撑。

摘自王晨《关于〈中华人民共和国立法法（修正草案）〉的说明》

材料三：修改立法法，必须高举中国特色社会主义伟大旗帜，全面贯彻落实党的二十大精神，坚持以习近平新时代中国特色社会主义思想为指导，深入贯彻习近平法治思想、习近平总书记关于坚持和完善人民代表大会制度的重要思想，深刻领悟“两个确立”的决定性意义，增强“四个意识”，坚定“四个自信”，做到“两个维护”，坚定不移走中国特色社会主义法治道路，坚持党的领导、人民当家作主、依法治国有机统一，推进科学立法、民主立法、依法立法，进一步健全立法体制、完善立法程序、规范立法活动、提高立法效能，更好为全面建设社会主义现代化国家提供法治保障。

摘自王晨《关于〈中华人民共和国立法法（修正草案）〉的说明》

问题：

根据以上材料，结合习近平法治思想，谈谈本次立法法修改的原则及其重要意义。

答题要求：

1. 观点正确，表达完整、准确；
2. 无观点或论述，照搬材料原文不得分；
3. 总字数不少于600字。

（二）坚持党对全面依法治国的领导与充分发挥法治对经济社会发展的保障作用

（本题35分）

材料一：为了实现中华民族伟大复兴，中国共产党团结带领中国人民，自信自强、守正创新，统揽伟大斗争、伟大工程、伟大事业、伟大梦想，创造了新时代中国特色社会主义的伟大成就。党的十八大以来，中国特色社会主义进入新时代，我们坚持和加强党的全面领导，统筹推进“五位一体”总体布局、协调推进“四个全面”战略布局，坚持和完善中国特色社会主义制度、推进国家治理体系和治理能力现代化，坚持依规治党、形成比较完善的党内法规体系，战胜一系列重大风险挑战，实现第一个百年奋斗目标，明确实现第二个百年奋斗目标的战略安排，党和国家事业取得历史性成就、发生历史性变革，为实现中华民族伟大复兴提供了更为完善的制度保证、更为坚实的物质基础、更为主动的精神力量。中国共产党和中国人民以英勇顽强的奋斗向世界庄严宣告，中华民族迎来了从站起来、富起来到强起来的伟大飞跃，实现中华民族伟大复兴进入了不可逆转的历史进程！

——习近平《在庆祝中国共产党成立100周年大会上的讲话》

材料二：党的领导是中国特色社会主义最本质的特征，是社会主义法治最根本的保证。把党的领导贯彻到依法治国全过程和各方面，是我国社会主义法治建设的一条基本经验。我国宪法确立了中国共产党的领导地位。坚持党的领导，是社会主义法治的根本要求，是党和国家的根本所在、命脉所在，是全国各族人民的利益所系、幸福所系，是全面推进依法治国的题中应有之义。党的领导和社会主义法治是一致的，社会主义法治必须坚持党的领导，党的领导必须依靠社会主义法治。只有在党的领导下依法治国、厉行法治，人民当家作主才能充分实现，国家和社会生活法治化才能有序推进。依法执政，既要求党依据宪法法律治国理政，也要求党依据党内法规管党治党。必须坚持党领导立法、保证执法、支持司法、带头守法，把依法治国基本方略同依法执政基本方式统一起来，把党总揽全局、协调各方同人大、政府、政协、审判机关、检察机关依法依章程履行职能、开展工作统一起来，把党领导人民制定和实施宪法法律同党坚持在宪法法律范围内活动统一起来。

——《中共中央关于全面推进依法治国若干重大问题的决定》

材料三：中国各族人民将继续在中国共产党领导下，在马克思列宁主义、毛泽东思想、邓小平理论、‘三个代表’重要思想、科学发展观、习近平新时代中国特色社会主义思想指引下，坚持人民民主专政，坚持社会主义道路，坚持改革开放，不断完善社会主义的各项制度，发展社会主义市场经济，发展社会主义民主，健全社会主义法治，贯彻新发展理念，自力更生，艰苦奋斗，逐步实现工业、农业、国防和科学技术的现代化，推动物质文明、政治文明、精神文明、社会文明、生态文明协调发展，把我国建设成为富强民主文明和谐美丽的社会主义现代化强国，实现中华民族伟大复兴。

——《中华人民共和国宪法修正案》，2018 年 3 月 11 日第十三届全国人民代表大会第一次会议通过

问题：

根据以上材料，结合你对坚持党对全面依法治国的领导的理解和认识，谈谈如何充分发挥法治对经济社会发展的保障作用。

答题要求：

1. 观点正确，表达完整、准确；
2. 无观点或论述，照搬材料原文不得分；
3. 总字数不少于 600 字。

二、参考范文

（一）习近平法治思想与立法法修改

立法法是规范国家立法制度和立法活动、维护社会主义法治统一的基本法律。本次立法法修改，深入贯彻习近平法治思想，为党领导立法、发展全过程人民民主、坚持依宪治国、坚持在法治下推进改革，奠定了扎实的制度基础。

习近平法治思想深刻回答了新时代为什么全面依法治国、怎样全面依法治国等一系列重大问题，为深入推进全面依法治国，加快建设社会主义法治国家提供了科学指南。习近平

法治思想的核心要义是“十一个坚持”，具有以下重大意义：第一，习近平法治思想是马克思主义法治理论同中国法治建设具体实际相结合、同中华优秀传统法律文化相结合的最新成果。第二，习近平法治思想赋予中国特色社会主义法治建设事业以新的时代内涵，是对党领导法治建设丰富实践和宝贵经验的科学总结。第三，习近平法治思想贯穿经济、政治、文化、社会、生态文明建设的各个领域，是在法治轨道上全面建设社会主义现代化国家的根本遵循。第四，习近平法治思想提出了当前和今后一个时期全面依法治国的目标任务，是引领法治中国建设实现高质量发展的思想旗帜。

本次立法法修改，深入贯彻习近平法治思想，坚定不移走中国特色社会主义法治道路，坚持党的领导、人民当家作主、依法治国有机统一，主要坚持以下原则：第一，加强党对立法工作的全面领导，通过完善立法体制机制保障党的路线方针政策有效实施。第二，坚持以人民为中心，坚持和发展全过程人民民主，不断拓展和健全人民群众有序参与立法的途径和形式。第三，适应新时代新要求，总结立法工作实践经验，坚持问题导向、完善立法体制机制。第四，适应全面深化改革的需要，坚持立法和改革相辅相成，更好发挥法治固根本、稳预期、利长远的重要作用。第五，遵循宪法的原则和规定，推进科学立法、民主立法、依法立法，增强立法系统性、时效性。

本次立法法修改，具有以下重大意义：第一，修改立法法是新时代加强党对立法工作的全面领导，把党的主张通过法定程序转化为国家意志，通过法治保证党的路线方针政策贯彻执行的必然要求。第二，修改立法法是新时代坚持和发展全过程人民民主，通过法治保障人民当家作主，从制度上保证每一项立法都反映人民意愿、得到人民拥护立法客观要求。第三，修改立法法是新时代推进全面依法治国、依宪治国，进一步健全立法体制机制，规范立法活动，建设中国特色社会主义法治体系，建设社会主义法治国家的重要举措。第四，修改立法法是总结新时代正确处理改革和法治关系的实践经验，坚持在法治下推进改革，在改革中完善法治，完善立法引领和推动改革创新的体制机制的现实需要。

总之，本次立法法修改，深入贯彻习近平法治思想，为新时代全面依法治国，加快建设中国特色社会主义法治体系，在法治轨道上全面建设社会主义现代化国家提供有力制度支撑。

（二）坚持党对全面依法治国的领导与充分发挥法治对经济社会发展的保障作用

党的领导是中国特色社会主义最本质的特征。充分发挥法治对经济社会发展的保障作用，必须坚持党对全面依法治国的领导。

必须坚持党对全面依法治国的领导，其理由在于：第一，党的领导是中国特色社会主义法治之魂。中国共产党是中国特色社会主义事业的领导核心。坚持党对全面依法治国的领导，是全面依法治国的题中应有之义。第二，党的领导是中国特色社会主义最本质的特征，是社会主义法治最根本的保证。全面依法治国，只有在党的领导下才能有目的、有步骤、有秩序地进行。第三，全面依法治国是要加强和改善党的领导。加强和改善党对全面依法治国的领导，是由全面依法治国的性质和任务决定的。只有发挥党总揽全局、协调各方的领导核心作用，才能实现全面依法治国的总目标。

坚持党对全面依法治国的领导，必须做到：第一，坚持党的领导、人民当家作主、依法治国有机统一。坚持党的领导、人民当家作主、依法治国有机统一，最根本的是坚持党的领导。人民代表大会制度是坚持党的领导、人民当家作主、依法治国有机统一的根本制度安排，必须充分发挥人民代表大会制度的作用，实现国家各项工作法治化。第二，坚持党领导立法、保证执法、支持司法、带头守法。把党的领导贯彻落实到全面依法治国全过程和各方面，必须坚持党领导立法、保证执法、支持司法、带头守法，把依法治国基本方略同依法执政基本方式统一起来。第三，健全党领导全面依法治国的制度和工作机制。加强党对全面依法治国的领导，必须健全党领导全面依法治国的制度和工作机制，完善党制定全面依法治国方针政策的工作机制，加强党对全面依法治国的集中统一领导，统筹推进全面依法治国。

充分发挥法治对经济社会的保障作用必须坚持党对全面

依法治国的领导。第一，以法治保障经济发展，要完善市场经济法律体系，深化“放管服”改革，创建保障公平竞争的法治环境，保障和促进经济持续健康发展。第二，以法治保障政治稳定，推进全面依法治国，必须要加强和改善党的领导，推进党的领导制度化、法治化，以法治方式巩固党的执政地位，促进政治稳定和国家长治久安。第三，以法治保障文化繁荣，进一步完善中国特色社会主义文化法律制度体系，深入推进社会主义文化强国建设，加快公共文化服务体系建设。第四，以法治保障社会和谐，要充分发挥法治作为保障和改善民生制度基石的作用，着力保障和改善民生。第五，以法治保障生态良好，要完善生态环境保护管理法律制度，加大生态环境保护执法司法力度，用严格的法律制度保护生态环境。

总之，只有坚持党对全面依法治国的领导，才能充分发挥法治对经济社会发展的保障作用，推动五位一体的总体布局协调发展，把我国建设成为富强民主文明和谐美丽的社会主义现代化强国，实现中华民族伟大复兴。

附　法律文书

一、法律文书的基本结构

文书结构分三步，首部正文与尾部。
正文依然三部分，事实理由和结论。
事实证据来支撑，理由统领前与后。
事实法律齐用力，结论合法且确定。

二、检察文书

××市人民检察院
起诉书

×检刑诉〔2018〕97号

被告人杨某某，男，××××年××月××日出生，公民身份证号码430381××××××××9510，湘乡市人，汉族，小学文化，务工，住××市中沙镇××村第××村民组××号。因涉嫌盗窃罪，于2015年7月11日被××市公安局刑事拘留，经湘乡市公安局决定，于2018年3月20日被湘乡市公安局监视居住。

本案由××市公安局侦查终结，以被告人杨某某涉嫌盗窃罪，于2018年3月21日向本院移送审查起诉。本院受理后，于2018年3月21日已告知被告人有权委托辩护人，2018年3月21已告知被害人有权委托诉讼代理人，依法讯问了被告人，听取了被告人及其辩护人、被害人及其诉讼代理人的意见，审查了全部案件材料。

经依法审查查明：

1. 2015年6月27日8时50分许，被告人杨某某在××市××网吧上网时，将同在该网吧上网的符某某的黑色苹果5S手机盗走。经××价格认证中心鉴定，该手机价值人民币2399元。该手机已被公安机关查获并已发还给符某某。

2. 2018年2月17日19时许，贺某某到湘乡市××寺附近××网吧××号电脑上网，其间把外套脱下放在了座椅上。至22时30分许，贺某某换了一台电脑继续上网，但没有把他放在座椅上的外套带走。2018 年 2 月 17 日 23 时许，被告人杨某某来到该网吧 ×× 号电脑上网，发现座椅上有一件外套，于是将该外套内的现金人民币 4700 元盗走。之后犯罪嫌疑人杨某某将其中的 2100 元挥霍掉，并花费 300 元购买了 honor 牌手机一部。另外 2300 元被公安机关查获并已发还给贺某某。

认定上述事实的证据如下：

书证、证人证言、被告人的供述与辩解、现场勘验笔录、辨认笔录、鉴定意见、视听资料。

本院认为，被告人杨某某以非法占有为目的，盗窃他人财物，其行为触犯了《中华人民共和国刑法》第二百六十四条的规定，犯罪事实清楚，证据确实、充分，应当以盗窃罪追究其刑事责任。根据《中华人民共和国刑事诉讼法》第一百七十六条的规定，提起公诉，请依法判处。

此致

××市人民法院

检察官×××
检察官助理×××
2018 年 3 月 23 日
（院印）

附件：

1. 被告人杨某某现被取保候审在家。
2. 案卷材料和证据 1 册。
3. 光碟 3 本。

三、审判文书

（一）一审刑事判决书范本

××省××市××区人民法院
刑事判决书

（2018）×刑初 15 号

公诉机关××市××区人民检察院。

被告人：吴××（曾用名，吴××），男，1980 年 7 月 30 日出生，汉族，本市人，初中文化程度，农民，住本市××区××镇××村。2018 年 7 月 15 日因强奸被刑事拘留，同年 7 月 22 日被逮捕，现羁押于××市看守所。

辩护人：王××，×××市××律师事务所律师。

××市××区人民检察院以被告人吴××犯强奸罪向本院提起公诉，本院于2011年8月31日收到××区人民检察院起诉书后，依法组成合议庭，不公开开庭审理了本案，××区人民检察院检察员程××出庭支持公诉，被告人吴××及其辩护人王××到庭参加诉讼。本案现已审理终结。

××区人民检察院以×检刑诉〔2018〕15号起诉书指控被告人吴××于2018年5月21日夜，趁张××熟睡之机将其奸淫。被告人吴××辩称其与张××的性行为是张××为得钱而自愿与之发生的。其辩护人认为：被告人的行为构成犯罪，但没实施暴力，其犯罪情节较轻，未造成严重后果，有酌定从宽处罚情节。

经审理查明，2018年5月21日，被告人吴××为贩卖香烟到××区××乡××村，当晚被告人吴××留宿于其亲属家堂屋东房。是夜，当被告人吴××得知住西房的张××之夫下海捕鱼后，便于22日零时许，窜至西房，将熟睡中的张××强奸。

上述事实，有被告人吴××供述，且与被害人张××的陈述相吻合，并有〔2018〕×公物化字第030号刑事科学技术鉴定书证明，以及肖××等证人证言相印证。

本院认为，被告人吴××趁他人熟睡之机，实施奸淫行为，已触犯刑律，构成强奸罪。××区人民检察院指控被告人吴××犯强奸罪，事实清楚，定性准确，本院予以支持。被告人吴××对其犯罪事实的供述出尔反尔，又辩解：被害人张××与其发生性关系是自愿的，纯属推卸罪责。辩护人关于被告人没有实施暴力行为，亦未造成严重后果，请酌情从轻处理的意见，合议庭在量刑时予以考虑。为打击刑事犯罪活动，保护妇女人身权利不受侵犯，依据《中华人民共和国刑法》第二百三十六条第一款之规定，判决如下：

被告人吴××犯强奸罪，判处有期徒刑六年。

如不服本判决，可在接到判决书的第二日起十日内，通过本院或者直接向××省××市中级人民法院提出上诉。书面上诉的，应当提交上诉状正本一份，副本两份。

审判长×××

审判员×××

审判员×××

二〇一八年十月十八日

（院印）

法官助理×××

书记员×××

光明点睛

刑事诉讼构造包括法官、公诉人、被告人、辩护人等，各种角色的基本情况、具体表现，在判决书中一个都不能少。

注意判决书中的专业表达方式：

1. 人民检察院指控被告人犯罪的事实和证据，表述为“×××人民检察院指控……”

2. 被告人的供述、辩解，表述为“被告人×××辩称……”

3. 辩护人的辩护意见，表述为“辩护人×××提出辩护意见是……”

4. 经法庭审理查明的事实和证据以及证据的来源，表述为“经审理查明……”

（二）第一审民事判决书的范本

××市××区人民法院
民事判决书

（××××）×民初××号

原告：……（写明姓名或名称等基本情况）。

法定代表人（或代表人）：……（写明姓名和职务）。

委托代理人：……（写明姓名等基本情况）。

被告：……（写明姓名或名称等基本情况）。

法定代表人（或代表人）：……（写明姓名和职务）。

法定代理人（或指定代理人）：……（写明姓名等基本情况）。

委托代理人：……（写明姓名等基本情况）。

第三人：……（写明姓名或名称等基本情况）。

法定代表人（或代表人）：……（写明姓名和职务）。

法定代理人（或指定代理人）：……（写明姓名等基本情况）。

委托代理人：……（写明姓名等基本情况）。

……（写明当事人的姓名或名称和案由）一案，本院受理后，依法组成合议庭（或依法由审判员×××独任审判），公开（或不公开）开庭进行了审理。……（写明本案当事人及其诉讼代理人等）到庭参加诉讼。本案现已审理终结。

原告×××诉称，……（概述原告提出的诉讼请求和所根据的事实与理由）。

被告×××辩称，……（概述被告答辩的主要内容）。

第三人×××述称，……（概述第三人的主要意见）。

经审理查明，……（写明法院认定的事实和证据）。

本院认为，……（写明判决的理由）。依照……（写明判决所依据的法律条款项）的规定，判决如下：

……（写明判决结果）。

……（写明诉讼费用的负担）。

如不服本判决，可在判决书送达之日起十五日内，向本院递交上诉状，并按对方当事人的人数提出副本，上诉于××××人民法院。

审判长×××

审判员×××

人民陪审员×××

××××年××月××日

法官助理×××

书记员×××

（三）第一审民事调解书的范本

北京市××区人民法院
民事调解书

（2009）×民初××××号

原告：向某某，男，19××年×月××日出生，汉族，个体工商户，住××区×××××小镇×号楼×单元××室。

委托代理人：×××，北京××律师事务所律师。

被告：刘某某，女，19××年×月××日出生，汉族，北京××××饮管理有限公司职员，住××区××庄××号院宿舍。

委托代理人：×××，男，19××年×月×日出生，无业，住××区××路××号院×号楼××××号。

案由：离婚纠纷

原告向某某与被告刘某某2004年经人介绍，2004年12月28日登记结婚。婚后未生育子女。结婚初期双方感情尚好。2009年3月2日，向某某以双方两地分居导致感情不和为由诉至本院要求离婚，刘某某当庭表示同意离婚。

本案在审理过程中，经本院主持调解，双方当事人自愿达成如下协议：

一、原告向某某与被告刘某某离婚。

二、其他无异议。

案件受理×××元，由原告负担，已交纳。

上述协议，符合有关法律规定，本院予以确认。

本调解书经双方当事人签收后，即发生法律效力。

北京市××区人民法院
审判员刘某某
二〇〇九年三月二日
书记员郭某

四、律师文书

（一）民事起诉状的范本

民事起诉状

原告：×××，男/女，××××年××月××日生，×族，……（写明工作单位和职务或职业），住……。联系方式：……

法定代理人/指定代理人：×××，……

委托诉讼代理人：×××，……

被告：×××，……

……

（以上写明当事人和其他诉讼参加人的姓名或者名称等基本信息）

诉讼请求：

……

事实和理由：

……

证据和证据来源，证人姓名和住所：

……

此致

××××人民法院

附：本起诉状副本×份

起诉人：（签名）
××××年××月××日

【说明】

1. 本样式根据《民事诉讼法》第123条第1款、第124条制定，供公民提起民事诉讼用。

2. 起诉应当向人民法院递交起诉状，并按照被告人数提出副本。

3. 原告应当写明姓名、性别、出生日期、民族、职业、工作单位、住所、联系方式。原告是无民事行为能力或者限制民事行为能力人的，应当写明法定代理人姓名、性别、出生日期、民族、职业、工作单位、住所、联系方式，在诉讼地位后括注与原告的关系。

4. 起诉时已经委托诉讼代理人的，应当写明委托诉讼代理人的基本信息。

5. 被告是自然人的，应当写明姓名、性别、工作单位、住所等信息；被告是法人或者其他组织的，应当写明名称、住所等信息。

6. 原告在起诉状中直接列写第三人的，视为其申请人民法院追加该第三人参加诉讼。是否通知第三人参加诉讼，由人民法院审查决定。

7. 起诉状应当由本人签名。

（二）答辩状的范本

民事答辩状

答辩人：×××，男/女，××××年××月××日生，×族，……（写明工作单位和职务或职业），住……。联系方式：……。

法定代理人/指定代理人：×××，……。

委托诉讼代理人：×××，……。

（以上写明答辩人和其他诉讼参加人的姓名或者名称等基本信息）

对××××人民法院（××××）……民初……号……（写明当事人和案由）一案的起诉，答辩如下：

……（写明答辩意见）。

证据和证据来源，证人姓名和住所：

……

此致

××××人民法院

附：本答辩状副本×份

答辩人（签名）

××××年××月××日

【说明】

1. 本样式根据《中华人民共和国民事诉讼法》第一百二十五条制定，

供公民对民事起诉提出答辩用。

2. 被告应当在收到起诉状副本之日起十五日内提出答辩状。被告在中华人民共和国领域内没有住所的，应当在收到起诉状副本后三十日内提出答辩状。被告申请延期答辩的，是否准许，由人民法院决定。

3. 答辩状应当记明被告的姓名、性别、出生日期、民族、工作单位、职业、住所、联系方式。

4. 答辩时已经委托诉讼代理人的，应当写明委托诉讼代理人基本信息。

5. 答辩状应当由本人签名。

（三）辩护词的范本

关于____（姓名）____（案由）一案的辩护词

审判长、审判员：

根据《刑事诉讼法》第 33 条第 1 款的规定，我受本案被告人____之委托，并由____律师事务所指派，担任____（案由）一案____被告人____的辩护人，出庭为他辩护。

接受委托之后，辩护人经过阅卷、会见被告人和进行了必要的调查，今天又出席了庭审调查，对本案有了较为全面的了解，获得充分的事实材料和证据。

我认为起诉书在认定事实上有重大出入（或者事实不清、定性不当等）。

理由如下：

综上所述，我认为：

根据《刑法》第____条第____款之规定，请求检察机关对本案犯罪嫌疑人____不予起诉（或请求法庭对被告人宣告无罪或免除处罚或从轻、减轻处罚）。以上辩护意见，提请合议庭在合议时予以考虑。

此致

××××人民法院

辩护人：××律师事务所
××律师
××××年×月×日

瑞达法考直属分校联系方式

北方分校

办公地址：北京市海淀区西三环北路72号世纪经贸大厦B座27层2700

上课地址：天津市武清区新源道18号奥蓝际德商务酒店（园区免费停车）

1. 客服值班电话：400－1660－360转1转1再转1；王老师：17343174185（同微信） 杨老师：17812032760（同微信）；2. 北京市面授及网课咨询：闫老师：15910626131（同微信） 卜老师：15901252307（同微信）；王老师：17810798753（同微信）；3. 天津市面授及网课咨询：王老师：17810798753（同微信）；4. 河北省面授及网课咨询：卜老师：15901252307（同微信）；5. 辽宁省面授及网课咨询：陈小龙老师：17810632673（同微信）；6. 吉林省面授及网课咨询：陈鸿丰老师：17810712815（同微信）；7. 黑龙江面授及网课咨询：陈鸿丰老师：17810712815（同微信）；8. 内蒙古面授及网课咨询：陈鸿丰老师：17810712815（同微信）；9. 河南省面授及网课咨询：陈小龙老师：17810632673（同微信）；10. 山西省、陕西省咨询：卜老师：15901252307（同微信）；11. 甘肃省、新疆区域咨询：闫老师：15910626131（同微信）；12. 青海省、宁夏区域咨询：杨老师：17812032760（同微信）

南京分校

客服值班电话：4001660360转1转1再转5

江苏、安徽、山东报名咨询：沙老师13812318935；办公地址：南京市鼓楼区新楼花马路66号南邮大厦1714室

上海分校

客服值班电话：4001660360转1转1再转2

1.（市区报名）上海市静安区汉中路158号汉中广场902室；地铁1号线、12号线、13号线汉中路站下。电话：021－52902865、021－52902869、18516307172（微信同号）陈老师、13738188215（微信同号）；2.（大学城报名）上海市松江区三新北路1800弄8号楼3002室（松江大学城六期）；上海海事大学、江西省报名咨询：13052397071（微信同号）余老师；3. 上海政法学院、上海商学院、华东理工、上师大、厦门报名咨询：13052393272（微信同号）陈老师；4. 上大、贤达、金融、衫达、海关、漳州、泉州咨询：13395718787（微信同号）李老师

杭州分校

客服值班电话：4001660360转1转1转4

1. 杭州分校报名咨询：0571－87756276、13738188215（微信同号）；地址：杭州市西湖区文二路195号（靠近教工路）耀江文欣大厦1503室；2. 浙大宁波理工、温州、嘉兴地区：梅老师13738188215（微信同号）；3. 下沙地区、杭州商学院、现科、浙大城院：梅老师13738188215（微信同号）；4. 万里学院、宁波科技学院、浙江工业大学、杭州师范大学：梅老师13738188215（微信同号）；5. 绍兴地区、金华地区、农林大学、警官学院、东方财经、科艺学院：谢老师15168367817（微信同号）

广州分校

客服值班电话：4001660360转1转1再转3

广州地址：广州市天河区广州大道北613号城光大厦700A－B

咨询热线：020－62875806　手机：17688466828

乘车路线：地铁天号线平架A出口（南洋长胜酒店方向）；公交：兴华路口站

1. 广技师、五邑大学、新华学院（林老师）：16624710323；2. 广外、广大、广警、北理、北师（李老师）：18124065249；3. 广海、岭师、广油、华农、中山电子（林华老师）：13922309460；4. 广应科、培正、华师（柳老师）：13602889765；5. 韶关学院、广东工业大学、广东财经大学、广州商学院、嘉应学院、惠州学院、肇庆学院、东莞理工学院城市学院（张老师）：18620087770

深圳分校

客服值班电话：4001660360转1转1再转6

深圳地址：深圳市福田区深南中路2016号兴华大厦B座829

咨询热线：0755－23964781，手机：13316856786

乘车路线：地铁科学馆站B口出前行150米

深圳大学、海南三亚学院、海南大学咨询：13311520165（王老师）

法考 主观题加密课程获课流程

PC获课流程

① 通过浏览器输入瑞达法考的网址进行搜索，进入瑞达法考官网首页。

https://www.ruidaedu.com

② 进入首页后，点击导航上的“主观题”进入加密课程专题页面。

首页　免费课堂　配套教材　瑞达讲师　…………　学习部落　**主观题**　机考模拟

③ 进入主观题专题页后点击 “加密课程”进行登录。

（提示：若无官网账号，请先进行注册再登录）

④ 登录后需要刮开获课码，输入20位获课码将加密课程与账号绑定，完成后即可学习加密课程。

（提示：课程上传后才会生效，若已有获取的课程，则直接进入加密课程页面进行学习）

APP获课流程

扫码下载“瑞达法考”APP。

（如手机应用商店无法检索，请联系客服获取下载途径）

点击“学习”进入学习模块

点击“+”进入课程获取界面

点击“图书产品”输入20位获课码，点击“→”课程获取成功后会跳转到学习界面

获课成功后，在“权限课”中可查看，进入课程界面，点击目录选择课程进行听课。